Arbeitszeugnisse

Textbausteine und Tätigkeitsbeschreibungen

Dr. Thorsten Knobbe
Dr. Mario Leis
Dr. Karsten Umnuß

Haufe Mediengruppe
Freiburg • Berlin • München • Würzburg

Inhaltsverzeichnis

0,19

Das bietet Ihnen die CD zum Buch

1000 Textbausteine

Setzen Sie Ihr Arbeitszeugnis aus den stilsicher formulierten und juristisch geprüften Textbausteinen zusammen. Sie können die passenden Textbausteine einfach von der CD kopieren und in Ihre Datei einsetzen.

Tätigkeitsbeschreibungen

Auf der CD finden Sie 150 Tätigkeitsbeschreibungen. Übernehmen Sie die passende Tätigkeitsbeschreibung ganz einfach in Ihre Textverarbeitung durch copy + paste.

Ablaufcheckliste

Mit der Checkliste gestalten Sie die Abläufe effizient und wissen immer, wie der Stand ist.

Bewertungsbogen

Der Bewertungsbogen hilft Ihnen, die Fähigkeiten Ihres Mitarbeiters schnell einzuschätzen und anschließend das Arbeitszeugnis zu erstellen.

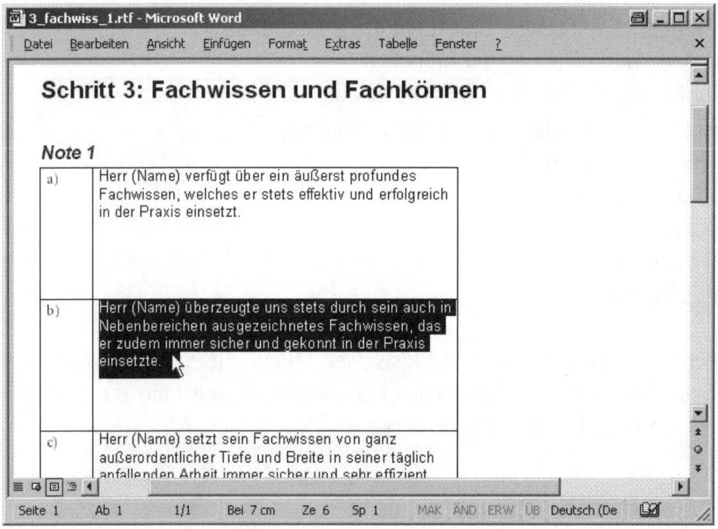

Textbausteine einfach per Mausklick übernehmen

Bibliographische Information Der Deutschen Bibliothek

Die Deutsche Bibliothek verzeichnet diese Publikation in der Deutschen Nationalbibliographie; detaillierte bibliographische Daten sind im Internet über http://dnb.ddb.de abrufbar.

ISBN 978-3-448-08170-1 Bestell-Nr. 04109-0003

Zweigniederlassung Planegg bei München
Redaktionsanschrift: Postfach, 82142 Planegg
Hausanschrift: Fraunhoferstraße 5, 82152 Planegg
Telefon (089) 8 95 17-0
Telefax (089) 8 95 17-2 50
www.haufe.de
online@haufe.de
Lektorat: Ulrich Leinz

Redaktion: Peter Böke, 10961 Berlin
Umschlaggestaltung: HERMANNKIENLE, 70199 Stuttgart
Druck: Bosch-Druck GmbH, 84030 Ergolding

Zur Herstellung dieses Buches wurde alterungsbeständiges Papier verwendet.

Siehe Seite 6 bis 10

Vorwort

Ihr Mitarbeiter hat das Recht auf ein aussagekräftiges, zugleich wahrheitsgemäßes und wohlwollendes Arbeitszeugnis. Aus der Sicht des Personalverantwortlichen stellt diese Anforderung eine zeit- und damit kostenintensive Belastung dar.
Dieser Praxisratgeber hilft Ihnen, schnell ein professionelles Zeugnis zu erstellen, dessen Formulierungen vor dem Arbeitsgericht Bestand haben. In einem einleitenden Kapitel informieren wir Sie über die wichtigsten rechtlichen Fragen zum Arbeitszeugnis.
In weiteren Kapiteln sowie auf der beiliegenden CD-ROM finden Sie ausführliche Tätigkeitsbeschreibungen und über 1.000 Textbausteine, die übersichtlich nach Beurteilungskriterien und Notenstufen angeordnet sind. Dazu haben wir Arbeitsmittel zusammengestellt, die Sie auch auf der CD-ROM finden:

- Die *Ablaufcheckliste* unterstützt Sie bei der Zeitplanung. Sie sagt Ihnen nicht nur, was wann von wem getan werden muss, sondern verweist auch auf alle weiteren Checklisten und Arbeitsmittel im Buch und auf der CD-ROM.
- Der *Bewertungsbogen* enthält alle 15 Bewertungskriterien in der Reihenfolge wie sie auch im Zeugnis behandelt werden. Er wird vom Fachvorgesetzten ausgefüllt und dient Ihnen so als Grundlage für die Zeugnisbearbeitung.

Anhand des ausgefüllten Bewertungsbogens können Sie in kürzester Zeit ein rechtssicheres Zeugnis erstellen, indem Sie einfach zu jedem der 15 Bewertungskriterien Schritt für Schritt eine passende Formulierung der gewünschten Notenstufe auswählen. Zur schnelleren Orientierung haben wir die 15 Schritte wie beim Telefonbuch durch graue Randfahnen am Seitenrand hervorgehoben.

Dr. Thorsten Knobbe, Dr. Mario Leis
und *Dr. Karsten Umnuß*

AGG – Arbeitszeugnisse diskriminierungsfrei gestalten

Bevor wir Ihnen Tipps geben für die diskriminierungsfreie Gestaltung Ihres Arbeitszeugnisses, erhalten Sie einen kurzen Überblick zu den wichtigsten Punkten des Allgemeinen Gleichbehandlungsgesetzes (AGG).

Überblick zum AGG

Ziel des AGG ist es, Benachteiligungen zu verhindern oder zu beseitigen. Es beinhaltet sechs Merkmale, auf Grund derer keine Benachteiligung erfolgen darf. Diese Merkmale sind:

- Rasse oder ethnische Herkunft
- Geschlecht
- Religion oder Weltanschauung
- Behinderung
- Alter
- sexuelle Identität

Was müssen Sie bei der Zeugniserstellung beachten?

Geht es um die Zeugniserstellung und das Zeugnisrecht, dann wird das AGG auf die Praxis voraussichtlich nur geringe Auswirkungen haben. Mit professionellen Mitteln erstellte Arbeitszeugnisse stehen im Einklang mit dem Ziel des AGG, nicht wegen der oben aufgeführten Merkmale zu benachteiligen.

Beispiel: Keine Angaben zu den Merkmalen des AGG

Zeugnisse enthalten in der Regel keine Ausführungen dazu, ob der Zeugnisempfänger z. B. serbischer Herkunft ist oder dem Islam angehört, Kommunist ist oder etwa homosexuell.

Das heißt, in Arbeitszeugnissen wurden schon bisher keine Angaben zu den oben genannten Merkmalen gemacht. Doch es gibt Ausnahmen.

Erkennbarkeit des Geschlechts und des Alters

Keine geschlechtsbezogenen Bewertungen

Wenn auch das AGG eine Ungleichbehandlung aufgrund des Geschlechts verbietet, kann die Lösung nicht darin bestehen, das Geschlecht zu verbergen, indem der Vorname nicht genannt wird. Den vollständigen Namen des Zeugnisempfängers wird man weiterhin zu Identifikationszwecken angeben. Geschlechtsbezogene Bewertungen waren bisher unüblich und sie sind im Hinblick auf den Grundsatz der wohlwollenden Zeugnisformulierung wohl auch nach bisheriger Rechtslage unzulässig.

Beispiel: So sollten Sie es nicht machen

Eine Bewertung, die z. B. lautet „Aufgrund ihres weiblichen Charmes hatte sie große Akquisitionserfolge bei unseren Kunden." waren bisher unüblich und sie sollten mit Blick auf das AGG erst recht nicht verwendet werden.

Auch das Geburtsdatum im Zeugnis, das einen Rückschluss auf das Alter zulässt, wird nicht generell unzulässig werden.

Angaben zu Behinderung oder Erkrankung

Angaben zu einer Behinderung wie auch zu einer Erkrankung waren auch bisher nur in seltenen Ausnahmefällen zulässig.

Zwischenzeugnis

Da die Regelungen des AGG auch für die Bereiche des beruflichen Aufstiegs im Unternehmen gültig sind, muss sowohl bei der Mitarbeiterbeurteilung als auch bei Zwischenzeugnissen darauf geachtet werden, dass die Bewertungen benachteiligungsfrei sind.

Tipp: Nutzen Sie die Textbausteine

Ausgehend von der gefestigten Praxis der „Zeugnissprache", wie Sie sie auch hier in den Textbausteinen vorliegen haben, werden sich aber voraussichtlich keine größeren Änderungen ergeben.

Neues Urteil: Wer unterschreibt das Zeugnis?

Das Bundesarbeitsgericht hat in einer aktuellen Entscheidung bereits entwickelte Grundsätze zum Zeugnisrecht bestätigt und präzisiert (vgl. BAG Urteil v. 4.10.2005, 9 AZR 507/04, NZA 8/2006, S. 436 ff.). Grundlegende Änderungen gibt es in der Rechtsprechung aber nicht.

Unterschriftsbefugnis

Das BAG hat zur Unterschriftsbefugnis noch einmal bekräftigt, dass der Arbeitgeber nicht verpflichtet ist, das schriftlich zu erteilende Zeugnis selbst oder durch sein gesetzliches Vertretungsorgan zu unterschreiben. Er kann damit eine andere betriebsangehörige Person beauftragen.

> **Achtung:**
> Der Arbeitgeber kann die Unterschriftsbefugnis zur Unterzeichnung von Arbeitszeugnissen nicht beliebig delegieren. Aus dem Zeugnis muss sich ergeben, dass der Aussteller in der Lage ist, die Leistungen des Arbeitnehmers zu beurteilen. Der Beurteilende muss deshalb – aus dem Zeugnis ablesbar – ranghöher als der Zeugnisempfänger und ihm gegenüber weisungsberechtigt sein.

Welche Arbeitnehmer zur Unterzeichnung eines Zeugnisses in Betracht kommen, ergibt sich regelmäßig aus einem Organigramm, aus welchem die Hierarchie und die Unterstellungsverhältnisse ablesbar sind.

Mitunterzeichnung durch einen Fachvorgesetzten

Ist der ranghöhere Zeugnisaussteller (z. B. Bereichsleiter) aber ausnahmsweise selbst nicht in der Lage, die fachlichen Leistungen des zu beurteilenden Arbeitnehmers (z. B. wissenschaftlicher Mitarbeiter in der Forschung) einzuschätzen, ist das Zeugnis eines wissenschaftlichen Mitarbeiters zusätzlich auch von einem wissenschaftlichen Vorgesetzten zu unterzeichnen.

Wenn das Zeugnis nicht vom gesetzlichen Vertretungsorgan unterschrieben wurde, könnte sich dem Zeugnisleser die Frage aufdrängen, weshalb es nicht wenigstens von einem wissenschaftlichen Vorgesetzten (mit-)unterzeichnet worden ist. Mit seiner Unterschrift hätte der wissenschaftliche Vorgesetzte die Verantwortung für die Richtigkeit der fachlichen Beurteilung übernommen. Ohne diese Mitunterzeichnung fehlt einem Zeugnis dann die erforderliche Überzeugungskraft, so dass unter Umständen die im Zeugnis positiv beurteilte Arbeit des wissenschaftlichen Mitarbeiters aufgrund der ersichtlich fehlenden fachlichen Beurteilungskompetenz des Ausstellers disqualifiziert und der Mitarbeiter in seinem beruflichen Fortkommen dadurch beeinträchtigt wird.

Anspruch auf Zeugniserteilung

In prozessualer Hinsicht stellte das BAG klar, dass ein Arbeitnehmer aus § 109 GewO einen Anspruch auf die Erteilung eines insgesamt richtigen Zeugnisses hat. Solange das vom Arbeitgeber erteilte Zeugnis diesen Anforderungen nicht entspricht, ist der Anspruch des Mitarbeiters auf Zeugniserteilung insgesamt nicht erfüllt. Der Arbeitnehmer macht dann mit seiner Zeugnisklage keine Berichtigung einzelner Mängel – vergleichbar etwa einer Sachmängelgewährleistung – geltend, sondern weiterhin den Erfüllungsanspruch auf ein insgesamt richtiges Zeugnis. Der Arbeitnehmer ist im Gerichtsprozess deshalb auch nicht gehindert, den ursprünglich verlangten Zeugnisinhalt im laufenden Zeugnisrechtsstreit zu ändern oder zu ergänzen.

Verwirkung des Zeugnisanspruches

Das BAG unterstrich, dass der Anspruch auf Erteilung eines qualifizierten Zeugnisses wie jeder schuldrechtliche Anspruch auch der Verwirkung unterliegt. Verwirkung kann eintreten, wenn der Arbeitnehmer sein Recht auf Erteilung eines Zeugnisses über längere Zeit nicht ausgeübt hat *(Zeitmoment)* und dadurch bei dem Arbeitgeber die Überzeugung hervorgerufen hat, er werde sein Recht nicht mehr geltend machen *(Umstandsmoment)*. In diesem Fall kann dem Arbeitgeber die Erfüllung des Anspruches des Arbeitnehmers nach Treu und Glauben unter Berücksichtigung aller Umstände des Einzelfalls dann nicht mehr zumutbar sein. Konkrete Fristen nennt das BAG aber nicht. Soweit Ausschlussfristen zur Anwendung kommen, genügt zur Wahrung der Ausschlussfrist die Beanstandung des erhaltenen Zeugnisses und die Forderung zur Neuausstellung des Zeugnisses durch den Arbeitnehmer. Der Zeugnisempfänger braucht keine einzelnen Mängel (vergleichbar einer Sachmängelgewährleistung) zur Wahrung der Ausschlussfrist geltend machen.

Die wichtigsten Fragen rund ums Arbeitszeugnis

Prozesse wegen Änderungen von Arbeitszeugnissen werden oft geführt. Leider ist eine häufige Ursache fehlende Information – und das sowohl auf Seiten der Arbeitgeber wie auch bei den Mitarbeitern. Überzogenen Vorstellungen des Mitarbeiters von dem, was er vor Gericht durchsetzen kann, stehen auf Seiten des Arbeitgebers oft unzureichende Kenntnisse dessen, was in einem Zeugnis stehen muss, gegenüber. Um Ihnen solche Prozesse möglichst zu ersparen, haben wir Ihnen hier die wichtigsten Fragen in Sachen Zeugnisrecht zusammengestellt.

Welche gesetzlichen Regelungen müssen Sie beachten?

Anspruch auf ein schriftliches Zeugnis

Ein Mitarbeiter hat bei Beendigung eines Anstellungsverhältnisses Anspruch auf ein schriftliches Zeugnis. Die Rechtsgrundlagen für den Zeugnisanspruch des ausscheidenden Mitarbeiters sind in § 630 BGB, § 109 GewO (für Auszubildende: § 8 BBiG) sowie ggf. in einschlägigen tariflichen Bestimmungen enthalten.

Ferner gelten folgende gesetzliche Regelungen:

- Das Zeugnis muss zumindest Angaben zu Art und Dauer der Tätigkeit enthalten (einfaches Zeugnis).
- Auf Verlangen des Mitarbeiters muss das einfache Zeugnis um Angaben zu Leistung und Verhalten ergänzt werden (qualifiziertes Zeugnis).
- Das Zeugnis muss klar und verständlich formuliert sein.
- Das Zeugnis darf keine Merkmale oder Formulierungen enthalten, die den Zweck haben, eine andere als die aus der äußeren Form oder dem Wortlaut ersichtliche Aussage über den Mitarbeiter zu treffen.

- Die Zeugnissprache ist Deutsch. Deshalb kann jeder Mitarbeiter im Geltungsbereich des deutschen Arbeitsrechts ein Zeugnis in deutscher Sprache verlangen. Darüber hinaus kann es bei internationalen Unternehmen sinnvoll sein, ein Arbeitszeugnis in englischer Sprache auszustellen. Eine Rechtspflicht des Arbeitgebers hierzu besteht aber nicht.
- Ein Zeugnis darf nicht in elektronischer Form erteilt werden.

Wie muss ein Zeugnis aussehen?

Das Zeugnis muss in Form und Inhalt den Gepflogenheiten entsprechen

Ein Zeugnis soll der Karriere dienen. Form und Inhalt werden von diesem Zweck bestimmt. Ein Zeugnis muss daher den im Geschäftsverkehr üblichen und von Dritten erwarteten Gepflogenheiten sowohl hinsichtlich der äußeren Form als auch der Wortwahl entsprechen und schriftlich ausgestellt werden.

- Das Zeugnis muss maschinenschriftlich bzw. mit dem PC erstellt sein.
- Das Zeugnis muss auf dem für die Geschäftskorrespondenz üblichen Geschäftspapier geschrieben bzw. gedruckt sein (vgl. BAG, Urteil v. 3.3.1993, 5 AZR 182/92, DB 1993, 1624).
- Ist ein weißes Blatt für das Zeugnis verwendet worden, so sind die volle Firmenbezeichnung, Rechtsform und die derzeitige Anschrift anzuführen.
- Wird Geschäftspapier verwendet, darf das Anschriftenfeld nicht ausgefüllt werden.
- Hat das Zeugnis äußere Mängel wie Flecken, Durchstreichungen, Textverbesserungen u.Ä., kann der Mitarbeiter es zurückweisen.
- Schreibfehler müssen berichtigt werden, wenn sie negative Folgen für den Mitarbeiter haben könnten (vgl. AG Düsseldorf, Urteil v. 19.12.1984, 6 Ca 5682/84, NZA 1985, 812).
- Unzulässig sind Ausrufungs- oder Fragezeichen, Gänsefüßchen, Unterstreichungen oder teilweise Hervorhebungen durch Fettschrift.
- In elektronischer Form darf ein Zeugnis nicht ausgestellt werden. Dies wird nach den gesetzlichen Regelungen in § 630 BGB, § 109 GewO, ausdrücklich ausgeschlossen.

Welche inhaltlichen Bestandteile ein qualifiziertes Arbeitszeugnis enthalten muss, erfahren Sie in Kapitel 2.

Was kann der Mitarbeiter gegen ein Arbeitszeugnis unternehmen?

Es gibt keinen förmlichen Rechtsbehelf eines „Widerspruches" gegen ein Arbeitszeugnis. Der Mitarbeiter kann sich zwar jederzeit nach Erhalt eines Arbeitszeugnisses an seinen Arbeitgeber wenden und Änderungswünsche geltend machen. Der Arbeitgeber ist jedoch nicht verpflichtet, diesen Wünschen zu folgen oder sie mit dem Mitarbeiter zu erörtern.
Erfüllt der Arbeitgeber den Anspruch auf Zeugniserteilung nicht oder nicht ordnungsgemäß, kann der Mitarbeiter vor dem Arbeitsgericht auf Ausstellung oder Berichtigung des Zeugnisses klagen. Hier sind Verjährung, Verwirkung, Verzicht und Ausschlussfristen zu beachten.

Wann verjährt der Anspruch?

Verjährung

Für den Anspruch auf Ausstellung oder Berichtigung eines Zeugnisses besteht keine besondere Verjährungsregelung. Deshalb findet die regelmäßige Verjährungsfrist von drei Jahren gemäß § 195 BGB Anwendung. Sie beginnt mit dem Ende des Jahres, in dem der Anspruch entstanden ist. Vor Eintritt der Verjährung kann sich der Arbeitgeber allerdings ggf. auf eine Unmöglichkeit der Zeugniserteilung berufen, bzw. es kann eine so genannte Verwirkung des Anspruchs vorliegen.

Wann erlischt der Anspruch?

Unabhängig von der Verjährung kann der Zeugnisanspruch bereits dann erlöschen, wenn es dem Arbeitgeber nicht mehr möglich ist, ein Zeugnis auszustellen (z. B. wenn er aufgrund des Zeitablaufs nicht in der Lage ist, ein wahrheitsgemäßes Zeugnis auszustellen).
Die Ausstellung eines einfachen Zeugnisses zu Art und Dauer der Tätigkeit ist wegen der geringen Anforderungen in der Regel nach Beendigung des Anstellungsverhältnisses noch so lange möglich, wie Personalunterlagen vorhanden sind.

Beim qualifizierten Zeugnis, das auch Angaben zu Leistung und Führung enthält, ist die Lage etwas anders: Wenn der Arbeitgeber und seine mit der Zeugniserteilung befassten Vertreter sich an die Tatsachen zur Führung und Leistung des Mitarbeiters nicht mehr erinnern können und auch keine entsprechenden schriftlichen Personalunterlagen vorhanden sind, in denen Führung und Leistung festgehalten wurden, ist die Ausstellung eines qualifizierten Zeugnisses schlicht nicht mehr möglich.

Wenn der Mitarbeiter mit der Bitte um Zeugniserstellung zu lange wartet, erlischt sein Anspruch

Wann ist der Anspruch verwirkt?

Verwirkung

Selbst wenn die Erfüllung des Anspruchs auf Zeugniserteilung noch möglich ist, kann der gerichtlichen Durchsetzung vor Verjährungseintritt die so genannte Verwirkung entgegengehalten werden. Für die Verwirkung eines Anspruchs müssen zwei Aspekte erfüllt sein: das Zeitmoment und das Umstandsmoment.

Der anspruchsberechtigte Mitarbeiter muss seinen Zeugnisanspruch längere Zeit nicht geltend gemacht und dadurch beim Arbeitgeber die Überzeugung gefestigt haben, er werde kein Zeugnis mehr verlangen. Darauf muss sich der Arbeitgeber eingerichtet haben. Weiterhin muss ihm die Zeugnisausstellung nach Treu und Glauben unter Berücksichtigung der Umstände des Einzelfalles nicht mehr zumutbar sein. Zeit- und Umstandsmoment dürfen dabei nicht isoliert, sondern können nur in engem Zusammenhang gesehen werden; der Schwerpunkt liegt beim Umstandsmoment. Die Rechtsprechung hat bisher Verwirkung bei einem Untätigkeitszeitraum von zehn bis zu 15 Monaten angenommen (vgl. LAG Hamm, Urteil v. 17.12.1998, 4 Sa 1337/98, NZA-RR 1999, 459; LAG Köln, Urteil v. 8.2.2000, 13 Sa 1050/99, NZA-RR 2001, 130; LAG Hamm, Urteil v. 3.7.2002, NZA-RR 2003, 73 f.). Generell ist der Verwirkungszeitpunkt bei einem qualifizierten Zeugnis früher erreicht als bei einem einfachen Zeugnis, weil bei letzterem die notwendigen Angaben leichter und länger zur Verfügung stehen.

Die Berufung auf die Einrede der Verwirkung kann dem Arbeitgeber aber dann versagt sein, wenn Personalakten geführt werden und er auf zeugnisspezifische Angaben zurückgreifen kann. Dies gilt so lange, wie er verpflichtet ist, Lohnunterlagen aus steuerlichen Gründen aufzubewahren (bis zum Ablauf des sechsten Kalenderjahres, das auf die zuletzt eingetragene Lohnzahlung folgt), und/oder so lange, wie er Personalakten tatsächlich aufhebt.

Wann kann auf den Anspruch verzichtet werden?

Ausgleichsquittungen gelten nicht als Verzicht auf das Zeugnis

Vor Beendigung des Anstellungsverhältnisses kann der Mitarbeiter auf den Anspruch auf Zeugniserteilung nicht verzichten. Gerichtlich ist noch nicht abschließend geklärt, ob nach Beendigung der Anstellung ein Verzicht rechtlich möglich ist. In den so genannten Ausgleichsquittungen ist jedenfalls kein Verzicht auf die Erteilung eines Zeugnisses zu sehen.
Neben Verjährung, Verwirkung oder Unmöglichkeit kann der Zeugnisanspruch auch aufgrund von vertraglichen bzw. tariflichen Ausschlussfristen erlöschen. Allgemein gehaltene vertragliche Ausschlussklauseln erfassen jedoch nicht ohne weiteres auch Zeugnisansprüche. Im Einzelfall ist die Formulierung dieser Klauseln sorgfältig zu prüfen.

Wann wird welches Zeugnis ausgestellt?

Grundsätzlich unterscheidet man hinsichtlich Umfang und Inhalt zwischen einem einfachen und einem qualifizierten Zeugnis.
Das einfache Zeugnis muss mindestens Angaben zu Art und Dauer der Tätigkeit enthalten. Aussagen zu Leistung und Führung werden darin nicht getroffen. Das qualifizierte Zeugnis enthält neben den Angaben zu Art und Dauer der Tätigkeit auch Ausführungen zu Leistung und Verhalten bzw. Führung des Mitarbeiters über die gesamte Dauer des Anstellungsverhältnisses.
Im Hinblick auf den Erstellungszeitpunkt wird noch einmal zwischen dem Zwischenzeugnis, dem vorläufigen und dem Endzeugnis unterschieden.

Der Mitarbeiter entscheidet, welches Zeugnis er benötigt

Der Mitarbeiter hat das Recht zu entscheiden, ob er ein einfaches oder ein qualifiziertes Zeugnis wünscht. Wurde ihm ohne seinen ausdrücklichen Wunsch ein qualifiziertes Zeugnis ausgestellt, kann er es zurückweisen und ein einfaches verlangen.

Wann wird das Zwischenzeugnis ausgestellt?

Das Zwischenzeugnis erteilt man *während* des Anstellungsverhältnisses. Inhaltlich entspricht es dem Endzeugnis. Es ist auf Wunsch des Mitarbeiters dann zu erteilen, wenn ein berechtigtes Interesse vorliegt. Das besteht nach gegenwärtiger Rechtsprechung in folgenden Situationen:

Das Zwischenzeugnis wird während des Anstellungsverhältnisses erteilt

- wenn der Arbeitgeber die Kündigung in Aussicht stellt
- wenn der Mitarbeiter die Stelle wechselt
- wenn im Arbeitsbereich Änderungen wie Versetzung oder Wechsel des Vorgesetzten vorgenommen werden
- bei Insolvenz
- bei Bewerbungen
- bei Fort- und Weiterbildung
- bei einer längeren Arbeitsunterbrechung (z. B. Erziehungsurlaub, Wehr- oder Zivildienst)
- zur Vorlage bei Gerichten, Behörden
- für Kreditanträge
- bei einem Betriebsübergang gemäß § 613 a BGB

Wann wird das vorläufige Zeugnis ausgestellt?

Das vorläufige Zeugnis ist eigentlich ein Endzeugnis, das wegen der noch bevorstehenden Beendigung des Anstellungsverhältnisses ausdrücklich als „vorläufiges Zeugnis" erteilt wird und es dem Mitarbeiter bereits während der Kündigungsfrist ermöglicht, sich zu bewerben. Bei Beendigung des Anstellungsverhältnisses wird es gegen das Endzeugnis ausgetauscht.

Wann wird das Endzeugnis ausgestellt?

Das Endzeugnis erteilt man bei Beendigung des Anstellungsverhältnisses. Ein Mitarbeiter hat spätestens bei Ablauf der Kündigungsfrist Anspruch darauf; so legte es das Bundesarbeitsgericht fest. Dies gilt auch dann, wenn Kündigungsschutzklage erhoben wurde und die Beendigung des Anstellungsverhältnisses damit bei Ablauf der Kündigungsfrist rechtlich noch nicht geklärt ist (vgl. BAG, Urteil v. 27.2.1987, 5 AZR 710/85, DB 1987, 1845).

Der Mitarbeiter hat spätestens bei Ablauf der Kündigungsfrist Anspruch auf ein Zeugnis

Der Anspruch des Mitarbeiters auf ein Endzeugnis entsteht bereits in dem Moment, in dem die Kündigung formuliert bzw. der Aufhebungsvertrag unterzeichnet wird. Bei befristeten Anstellungsverhältnissen, für deren Beendigung es keiner Kündigung bedarf, entsteht der Anspruch auf Erteilung eines Zeugnisses ab dem Zeitpunkt, welcher der gesetzlichen Kündigungsfrist gemäß § 622 BGB entsprechen würde.

Sind Zwischenzeugnisse bindend?

Von der Erteilung eines Zwischenzeugnisses bis zur Ausstellung des Endzeugnisses vergeht manchmal viel Zeit. Kann der Arbeitgeber deshalb im Endzeugnis andere Bewertungen vornehmen als im Zwischenzeugnis? Mit dem Zwischenzeugnis entsteht für den Arbeitgeber hinsichtlich des beurteilten Zeitraumes des Anstellungsverhältnisses eine gewisse Bindungswirkung. Er kann bei gleicher Beurteilungslage seine im Zwischenzeugnis zum Ausdruck gekommenen Bewertungen im Schlusszeugnis also nicht ändern. Was bedeutet aber „gleiche Beurteilungslage"?
Bei einem fünfjährigen Anstellungsverhältnis geht die Rechtsprechung davon aus, dass die Beurteilungslage gleich geblieben ist, wenn das Schlusszeugnis nur zehn Monate nach dem Zwischenzeugnis verfasst wurde (vgl. LAG Köln, Urteil v. 22.8.1997, 11 Sa 235/97, NZA 1999, 771).

Können Sie einen Zeugnisentwurf von Ihrem Mitarbeiter verlangen?

Es kommt immer häufiger vor, dass ausscheidende Mitarbeiter Wünsche für die Zeugniserstellung formulieren oder sogar einen vollständigen Zeugnisentwurf vorlegen. Viele Arbeitgeber begrüßen diesen Trend, weil sie so Zeit sparen. Dem Arbeitgeber ist es jedoch nicht erlaubt, von einem ausscheidenden Mitarbeiter einen Zeugnisentwurf *einzufordern*. Umgekehrt ist er nicht verpflichtet, dem Entwurf des Mitarbeiters zu folgen oder sich mit ihm detailliert darüber auseinander zu setzen.

Eines sollten sich Chefs und Personaler klar machen: Wenn sie die Zeugniserstellung dem Mitarbeiter überlassen, spiegelt sich darin dessen Sichtweise wider, und die Themen werden oft zu umfangreich dargestellt bzw. falsch gewichtet. Möglicherweise treten zu einem späteren Zeitpunkt Probleme auf, beispielsweise weil nachfolgende Arbeitgeber bestimmte Punkte vermissen. Dann müssen Sie sich doch noch einmal mit dem Zeugnis befassen.

Auf jeden Fall ist es sinnvoll, wenn Sie den Zeugnisentwurf mit Ihrem Mitarbeiter besprechen. So können Sie Missverständnissen vorbeugen und ersparen sich die Arbeit einer nochmaligen Ausstellung wegen kleinerer Korrekturen.

Besprechen Sie den Zeugnisentwurf mit Ihrem Mitarbeiter

Welchen Umfang sollten Tätigkeits- und Leistungsbeschreibung haben?

Der zukünftige Arbeitgeber soll sich ein klares Bild vom Aufgabenbereich des Mitarbeiters machen können. Das Zeugnis hat daher die Tätigkeiten, die ein Mitarbeiter während seines Anstellungsverhältnisses ausgeübt hat, mit ihren typischen Merkmalen vollständig und genau zu beschreiben.

Dabei ist die Grenze zwischen der Art der Beschäftigung und der Beschreibung des Aufgabenbereichs meist fließend. Veränderten sich die Aufgaben im Laufe des Anstellungsverhältnisses, sind die einzelnen Stationen der beruflichen Entwicklung des Mitarbeiters zu beschreiben. Unwesentliche Tätigkeiten, denen bei einer Bewerbung keine Bedeutung zukommt, brauchen nicht erwähnt zu werden.

Wesentliche und typische Tätigkeiten sind aufzuführen

Wie sollte das Verhältnis Tätigkeits- zu Leistungsbeschreibung aussehen?

Ein Zeugnis muss immer ausgewogen sein; Tätigkeitsbeschreibung und Leistungsbeurteilung sollten idealerweise im Verhältnis 50:50 stehen. Natürlich ist das bei sehr umfangreichen oder häufig wechselnden Tätigkeiten kaum einzuhalten und auch nicht sinnvoll. Zu vermeiden ist aber in jedem Fall ein krasses Missverhältnis dieser beiden Zeugnisteile.

Die Beschreibung der Kernkompetenzen ist insbesondere bei Führungskräften wichtig

In einer ausführlichen Leistungs- und Verhaltensbeurteilung liegt für den potenziellen Arbeitgeber die große Chance, einen Bewerber schon vorab genauer kennen zu lernen und sich ein präziseres Bild von ihm zu machen. Die Leistungs- und Verhaltensbeurteilung sollte deshalb gerade bei Führungskräften auf wichtige Kernkompetenzen und Schlüsselqualifikationen eingehen, und eben nicht nur aus zwei oder drei Sätzen bestehen, die gerade einmal die Gesamtnote und vielleicht ein einwandfreies Verhalten zum Ausdruck bringen. In diesem Zusammenhang ist auch die Angabe von Vollmachten sehr wichtig, weil sie Rückschlüsse auf die Stellung im Betrieb und die hierarchische Position erlauben.

Die Dauer der Beschäftigung und der Qualifikationsgrad bestimmen letztlich den Umfang der Tätigkeitsbeschreibung. So ist die Berufsbezeichnung zwar zu erwähnen, doch sie genügt nicht als Ersatz für eine detaillierte Tätigkeitsbeschreibung.

Das sollte die Tätigkeits-/Aufgabenbeschreibung enthalten:

- Unternehmen/Branche
- hierarchische Position
- Berufsbild/-bezeichnung
- Aufgabengebiet
- Art der Tätigkeit
- berufliche Entwicklung

Wie bewerten Sie richtig?

Wohlwollender Maßstab eines verständigen Arbeitgebers

Grundsätzlich hat der Arbeitgeber das Zeugnis im Interesse des Mitarbeiters *mit Wohlwollen* zu erstellen (vgl. BGH, Urteil v. 26.11.1963, VI ZR 221/62, AP Nr. 10 zu § 826 BGB). Das heißt aber nicht, dass nur positive, für den Mitarbeiter günstige Bewertungen aufgenommen werden dürfen. Ein solches Zeugnis würde dem *obersten* Grundsatz der Wahrheitspflicht widersprechen. „Wohlwollend“ bedeutet in diesem Zusammenhang, dass das Zeugnis aus der Sicht eines verständigen Arbeitgebers abzufassen ist und nicht durch Vorurteile oder Voreingenommenheit bestimmt sein darf, die den weiteren Berufsweg des Mitarbeiters unnötig erschweren.

Wahrheit der Beurteilung

Um überprüfbar – also systematisch und immer auf der derselben Basis – zu urteilen, orientiert sich die Rechtsprechung an folgenden drei Kriterien: Inhaltlich muss das qualifizierte Zeugnis eine

- wahrheitsgemäße
- nach sachlichen Maßstäben ausgerichtete und
- nachprüfbare Gesamtbewertung

der Leistung und Führung des Mitarbeiters enthalten (vgl. LAG Düsseldorf, Urteil v. 2.7.1976, 9 Sa 727/76, DB 1976, 2310).

Werden die einzelnen Leistungen eines Mitarbeiters im Zeugnis ausnahmslos mit „sehr gut“ und die Tätigkeit darüber hinaus mit „sehr erfolgreich“ bewertet, so ist eine Gesamtbeurteilung mit der Formulierung, der Mitarbeiter habe seine Aufgaben „immer zu unserer vollen Zufriedenheit gelöst“ (das entspräche der Note 2), nicht vereinbar. Der bescheinigten sehr guten Leistung in den Einzelbeurteilungen entspricht nur die zusammenfassende Beurteilung „zur vollsten Zufriedenheit“ (BAG, Urteil v. 23.9.1992, 5 AZR 573/91, EZA Nr. 16 zu § 630 BGB).

Welche Noten können Sie geben?

Sechsstufige Notenskala

In der Praxis und verschiedenen Zeugnishandbüchern wird für die zusammenfassende Schlussnote oft eine sechsstufige Notenskala (von 1 = „sehr gut“ bis 6 = „ungenügend“) verwendet.

Notenstufen: Zusammenfassende Leistungsbewertung

Der Mitarbeiter hat die ihm übertragenen Aufgaben ...		
... stets zu unserer vollsten Zufriedenheit erledigt	= sehr gute Leistungen	Note 1
... stets zu unserer vollen Zufriedenheit erledigt	= gute Leistungen	Note 2
... stets zu unserer Zufriedenheit erledigt	= befriedigende Leistungen	Note 3
... zu unserer Zufriedenheit erledigt	= ausreichende, unterdurchschnittliche Leistungen	Note 4
... im Großen und Ganzen zu unserer Zufriedenheit erledigt	= mangelhafte Leistungen	Note 5
... zu unserer Zufriedenheit zu erledigen versucht	= unzureichende Leistungen	Note 6

Die Rechtsprechung hat diese Notenskala um eine Zwischenstufe für „voll befriedigende Leistungen“ erweitert und für die Note drei die Formel genannt: „Der Mitarbeiter hat die ihm übertragenen Aufgaben zu unserer vollen Zufriedenheit erledigt“, was als voll befriedigende Leistung oder Normalleistung gilt. Alle weiteren in der Liste genannten Noten verschieben sich dann um eine Notenstufe nach „unten“ (vgl. LAG Hamm, Urteil v. 13.2.1992, 4 Sa 1077 / 91, LAGE Nr. 16 zu § 630 BGB).

Wann gibt man „sehr gut"?

Eine Leistungsbewertung mit „sehr gut“ erfolgt dann, wenn der Mitarbeiter seine Arbeit ohne jede Beanstandung erbracht hat und darüber hinaus besonders auszeichnende Umstände vorliegen wie z. B. die Entwicklung neuer Ideen oder die schnellere Erledigung der Aufgaben.

Welche Formulierungen bringen die Note „sehr gut" zum Ausdruck?

Allerdings ist die dafür übliche Phrase „stets zur vollsten Zufriedenheit“ grammatikalisch nicht korrekt (voll kann nicht gesteigert werden – wenn ein Glas voll ist und man schenkt weiter ein, wird es nicht voller, sondern es läuft über). Sie können auch andere Formulierungen wählen, um die Note „sehr gut“ auszudrücken:

- „Wir waren mit den Leistungen stets außerordentlich zufrieden.“
- „Seine/Ihre Leistungen haben jederzeit und in jeder Hinsicht unsere volle Anerkennung gefunden.“
- „Wir waren mit den Leistungen stets in jeder Hinsicht außerordentlich zufrieden.“

Anspruch auf eine durchschnittliche Bewertung

Der Mitarbeiter hat im Zweifel Anspruch auf eine durchschnittliche Bewertung „voll befriedigende Leistungen“ das entspricht der Note 3 in der siebenstufigen Notenskala des LAG Hamm. Er würde dann die Darlegungs- und Beweislast tragen, wenn er eine bessere Bewertung wünschte. Erteilt der Arbeitgeber eine schlechtere Bewertung, obliegt ihm diese Last (vgl. LAG Köln, Urteil v. 2.7.1999, 11 Sa 255/99, NZA-RR 2000, 235). Welche Formulierung die so genannte Mitte darstellt und damit den Durchschnitt angibt, hängt auch von der verwendeten Notenskala ab. Um aus einer unterdurchschnitt lichen Bewertung, die in der Formulierung „zu unserer Zufriedenheit“ zum Ausdruck kommt, eine durchschnittliche zu machen, ist in der Regel der Zusatz eines Zeitfaktors wie „stets“, „immer“ oder „jederzeit“ erforderlich.

Was muss bei der Beurteilung der persönlichen Führung berücksichtigt werden?

Persönliche Führung

Der Begriff „persönliche Führung“ umfasst das allgemeine Sozialverhalten, die Fähigkeit, mit anderen zusammenzuarbeiten (Kooperations- und Kompromissbereitschaft), Vertrauenswürdigkeit, Verantwortungsbereitschaft und die Beachtung der betrieblichen Ordnung.

In diesem Teil des Zeugnisses gibt man ein zusammenfassendes Urteil über die Eigenschaften und das gesamte dienstliche Verhalten des Mitarbeiters ab. Hier sind das betriebliche Zusammenwirken, das Verhalten gegenüber Vorgesetzten, gleichgeordneten Arbeitskollegen, nachgeordneten Mitarbeitern und auch gegenüber Kunden zu erfassen. Dabei ist es wichtig, dass alle Verhaltensrichtungen beurteilt werden, da Auslassungen bzw. Nichterwähnung einer Gruppe Rückschlüsse auf Verhaltens-, Anpassungs-, Kontakt- oder Führungsschwierigkeiten zulassen.

Zur Beurteilung der persönlichen Führung gehört auch das eventuelle Fehlverhalten des Mitarbeiters.

Will der Arbeitgeber einem Mitarbeiter im Schlusszeugnis lediglich eine durchschnittliche Führung bescheinigen, so genügt er in einem Streitfall vor Gericht seiner Darlegungspflicht, wenn er sich darauf beruft, dass er sich von dem Mitarbeiter aus verhaltensbedingten Gründen durch Kündigung oder Aufhebungsvertrag getrennt hat.

Will der Arbeitgeber dagegen unterdurchschnittliche Leistungen bescheinigen, muss er darlegen und ggf. beweisen, dass das Verhalten des Mitarbeiters fehlerhaft war. Wenn andererseits der Mitarbeiter eine gute Führungsbewertung im Zeugnis durchsetzen will, muss *er* darlegen und ggf. beweisen, inwieweit sein Verhalten diese Anerkennung verdient.

Vertragsbruch wird im Zeugnis berücksichtigt

Bei der Führungsbeurteilung ist also auch eventuelles arbeitsvertragswidriges Verhalten zu berücksichtigen. Eine objektiv richtige Beurteilung der Führung des Mitarbeiters kann einen Vertragsbruch, der eine vorzeitige Beendigung des Anstellungsverhältnisses zur Folge hatte, nicht unberücksichtigt lassen. Es ist in der Praxis daher durchaus üblich, vertragswidriges Verhalten auch im Zeugnis zu erwähnen, wenn das Verschweigen bestimmter, für die Führung bedeutsamer Vorkommnisse die für die Beurteilung des Mitarbeiters wesentliche Gesamtbewertung in erheblichem Maße als unrichtig erscheinen lässt (z. B. wenn der Mitarbeiter in seinem Beruf straffällig geworden ist). Allerdings gilt der Grundsatz, dass die Aufnahme des Verdachts einer strafbaren Handlung in das Zeugnis im Allgemeinen mit Treu und Glauben nicht vereinbar und daher unzulässig ist.

Beredtes Schweigen

In einem solchen Fall kann der Arbeitgeber das gestörte Vertrauensverhältnis (bei Verdacht einer strafbaren Handlung) dadurch zum Ausdruck bringen, dass er keine Aussage über das Führungsverhalten des Mitarbeiters zu seinen Vorgesetzten, d. h. zum Arbeitgeber macht. Aus einem solchen „beredten Schweigen“ zu diesem für die Bewertung des Führungsverhaltens maßgeblichen Punkt können entsprechende Berufskreise nach Auffassung der Rechtsprechung die notwendigen Rückschlüsse ziehen.

Für die Einordnung von Formulierungen zur Bewertung des Führungsverhaltens hat sich – ähnlich wie bei der Leistungsbeurteilung – eine differenzierende Formulierungspraxis entwickelt. Im Interesse der wohlwollenden Zeugniserteilung werden abgestufte positive Formulierungen mit bewussten Auslassungen (beredtes Schweigen) kombiniert, um (eindeutige) negative Aussagen zu vermeiden. Die Rechtsprechung hat folgende Abstufung der Beurteilung zum Verhalten gegenüber Vorgesetzten und Kollegen vorgeschlagen (vgl. LAG Hamm, Urteil v. 8.7.1993, 4 Sa 171/93):

Notenstufen: Persönliche Führung

Sein/Ihr Verhalten zu Vorgesetzten, Arbeitskollegen ...	
... war stets vorbildlich	= sehr gute Führung
... war vorbildlich	= gute Führung
... war stets einwandfrei/korrekt	= voll befriedigende Führung
... war einwandfrei/korrekt	= befriedigende Führung
... war ohne Tadel	= ausreichende Führung
... gab zu keiner Klage Anlass	= mangelhafte Führung
Über ihn/sie ist uns Nachteiliges nicht bekannt geworden.	= unzureichende Führung

Verwendung der Beurteilungswörter in der Praxis

Nach unserer Erfahrung sieht das Verständnis der Beurteilungswörter in der Praxis etwas anders aus: Denn beispielsweise wird das Wort „korrekt“ von vielen Personalern mit der Note „ausreichend“ in Verbindung gebracht und die Note „voll befriedigend“ hat außerhalb der Jurisprudenz zumeist schlichtweg keine Bedeutung. Man benotet etwas mit „gut“ oder „befriedigend“, dazwischen gibt es nichts.

Im Kernsatz der Verhaltensbeurteilung weist der Passus „stets vorbildlich” auf die Note „sehr gut“ hin, „stets einwandfrei” eher auf „gut“. Für den Geschmack mancher Zeugnisaussteller klingt die Vorbildlichkeit jedoch übertrieben oder wird gar als unrealistisch abgelehnt. So kann der Passus „stets einwandfrei” zumindest auch als „sehr gut“ bis „gut +“ interpretiert werden. Zudem möchten viele Zeugnisempfänger hinsichtlich ihres Verhaltens auch nicht als Vorbild verstanden werden, sondern eher im positiven Sinne als unauffällig gelten. Auch dies veranlasst uns, Formulierungen mit dem Wort „einwandfrei“ häufig zu verwenden bzw. sie als Gutachter durchaus nicht automatisch dem Notenbereich „befriedigend“ zuzuordnen.

Was darf in einem Zeugnis nicht erwähnt werden?

Die Punkte, die nicht in einem Arbeitszeugnis erwähnt werden dürfen, sind nicht immer eindeutig zu bestimmen. Vieles, das nicht explizit genannt wird, findet dennoch den Weg in das Zeugnis, etwa durch verklausulierte Formulierungen. Bei manchen Punkten sind sich auch Experten nicht einig, ob man sie nennen darf oder nicht.

In der folgenden Tabelle sind diejenigen Themen zusammengestellt und kommentiert, die nicht im Arbeitszeugnis erwähnt werden dürfen.

Übersicht: Themen, die nicht ins Zeugnis gehören

Abmahnungen	Abmahnungen dürfen grundsätzlich nicht explizit erwähnt werden.
Alkoholkonsum	Alkoholkonsum gehört dann nicht ins Arbeitszeugnis, wenn er lediglich den privaten Bereich betrifft. Über die Erwähnung von Alkoholmissbrauch im Dienst herrscht keine Einigkeit. So müsste z. B. die Trunksucht eines Kraftfahrers durchaus erwähnt werden, um Schadensansprüche des neuen Arbeitgebers wegen Täuschung zu vermeiden.
Arbeitslosigkeit Arbeitsamt	Eine dem Arbeitsverhältnis vorausgegangene Arbeitslosigkeit oder die Vermittlung durch das Arbeitsamt dürfen in einem Arbeitszeugnis nicht erwähnt werden.
Beendigungsgründe	Die Umstände, unter denen das Anstellungsverhältnis beendet wurde, sind nur auf Wunsch des Mitarbeiters in das Zeugnis aufzunehmen. Ist das Anstellungsverhältnis auf den Auflösungsantrag des Mitarbeiters gemäß §§ 9, 10 KSchG durch Urteil des Arbeitsgerichts aufgelöst worden, kann der Mitarbeiter verlangen, dass der Beendigungsgrund mit der Formulierung erwähnt wird, das Anstellungsverhältnis sei „auf seinen Wunsch hin" beendet worden (vgl. LAG Köln, Urteil v. 29.11.1990, 10 Sa 801/90, LAGE Nr. 11 zu § 630 BGB).
Behinderung	Um Missverständnissen vorzubeugen, kann eine Erwähnung schwerer Behinderungen in Einzelfällen sinnvoll sein. Generell unterbleibt die Erwähnung (siehe auch „Krankheit").
Betriebsrats- und Sprecheraus-schuss tätigkeit	Hier lehnt die Rechtsprechung eine Erwähnung im Zeugnis grundsätzlich ab. Eine Ausnahme wird nur für den Fall zugelassen, dass der Mitarbeiter vor seinem Ausscheiden lange Zeit ausschließlich für den Betriebsrat tätig war und der Arbeitgeber deshalb nicht mehr in der Lage ist, seine Leistungen und Führung verantwortlich zu beurteilen (vgl. LAG Frankfurt a. Main, Urteil v. 10.3.1977, 6 Sa 779/76, DB 1978, 167), oder wenn der Mitarbeiter durch die Freistellung von seinem Arbeitsplatz entfremdet wurde.
Einkommen	Sind nicht zu erwähnen.
Freistellung bei Betriebsratsmitgliedern	Darf nur erwähnt werden, wenn auch die inner- und außerbetrieblichen Maßnahmen der Berufsbildung angeführt werden. Freistellungen aus anderen Gründen dürfen nicht erwähnt werden.

Fristlose Kündigung	Auch wenn der Arbeitgeber dem Mitarbeiter *zu Recht* fristlos gekündigt hat, darf er dies nur durch die Angabe des Beendigungszeitpunktes zum Ausdruck bringen, nicht jedoch, indem er die außerordentliche Kündigung erwähnt (vgl. LAG Düsseldorf, Urteil v. 22.1.1988, 2 Sa 1654/87, NZA 1988, 399).
Geheimzeichen	Geheimzeichen (wie ein Strich neben der Unterschrift), die auf Gewerkschaftszugehörigkeit oder ein politisches Engagement hinweisen, sind verboten. Die Existenz solcher Zeichen wird nicht geleugnet, aber man geht davon aus, dass sie höchst selten vorkommen.
Gesundheitszustand	Angaben zum Gesundheitszustand des Mitarbeiters gehören ebenfalls nicht in das Zeugnis. Umstritten ist, ob dann etwas anderes gilt, wenn das Anstellungsverhältnis durch den Gesundheitszustand grundsätzlich beeinflusst wird.
Krankheiten	Krankheiten haben im Arbeitszeugnis normalerweise nichts zu suchen, auch wenn sie den Kündigungsgrund darstellten. Allerdings herrscht Uneinigkeit darüber, ob Krankheiten erwähnt werden sollten, falls eine Gefährdung Dritter nicht auszuschließen ist.
Krankheitsbedingte Fehlzeiten	Eine Krankheit darf im Zeugnis grundsätzlich nicht vermerkt werden. Krankheitsbedingte Fehlzeiten dürfen nur dann Erwähnung finden, wenn sie außer Verhältnis zur tatsächlichen Arbeitsleistung stehen, d. h. wenn sie etwa die Hälfte der gesamten Beschäftigungszeit ausmachen (vgl. LAG Chemnitz, Urteil v. 30.1.1996, 5 Sa 996/95, NZA-RR 1997, 47).
Kündigungsgründe	Kündigungsgründe können nur auf Wunsch des Mitarbeiters erwähnt werden.
Modalitäten der Beschäftigungsbeendigung	Nicht genannt werden dürfen die Modalitäten, die zwischen den Parteien bei der Beendigung des Anstellungsverhältnisses vereinbart wurden. Das betrifft zum Beispiel den Widerruf der Prokura (vgl. BAG Urteil v. 26.6.2002, 9 AZR 392/00, NZA 2002, 34).
Privatleben	Alles, was das Privatleben betrifft, also auch eine eventuelle Nebentätigkeit, das Sexualverhalten, eine Schwangerschaft, wird nicht erwähnt. Allerdings kann es von besonderer Wertschätzung zeugen, wenn der Arbeitgeber dem Zeugnisempfänger beispielsweise in der Schlussformel „für die Zukunft beruflich wie privat (oder persönlich) alles Gute und weiterhin viel Erfolg" wünscht.

Straftaten	Weder Vorstrafen noch Straftaten gehören in ein Arbeitszeugnis. Ausnahme: eine im Dienst begangene, rechtskräftig verurteilte Straftat, die zur Kündigung geführt hat.
Vertragsbruch	Im Hinblick auf eine wohlwollende Zeugnisformulierung sind für den Mitarbeiter ungünstige Formulierungen zu vermeiden. Hinsichtlich eines Vertragsbruchs lässt sich nicht allgemein festhalten, welche Formulierungen zulässig und welche unzulässig sind. Maßstab für die Arbeitsgerichte ist, dass bei einer Abwägung zwischen Wahrheitspflicht und Wohlwollen der betroffene Mitarbeiter in seinem beruflichen Fortkommen nicht behindert werden soll: Die Formulierung müsse so gewählt werden, dass ein „sorgfältiger Leser" entnehmen könne, dass der Mitarbeiter aufgrund von Vertragsbruch ausgeschieden sei (vgl. LAG Hamm, Urteil v. 24.9.1985, 13 Sa 833/85, NZA 1986, 99).

Können bestimmte Angaben weggelassen werden?

Welche negativen Vorkommnisse müssen Sie ansprechen?

Neben den oben genannten Punkten, die Sie im Zeugnis nicht erwähnen *dürfen*, gibt es aber auch Vorkommnisse, die sie ansprechen *müssen*, wenn sie für die Führungs- und Leistungsbewertung wesentlich sind. Der Arbeitgeber muss zwar Rücksicht auf die weitere berufliche Karriere des Mitarbeiters nehmen, doch diese Rücksichtnahme hat Grenzen. Schließlich kann der künftige Arbeitgeber erwarten, dass das Zeugnis eine zuverlässige Grundlage für seine Einstellungsentscheidung ist.

Im Interesse der Zeugniswahrheit darf ein Arbeitszeugnis auch dort keine Auslassungen enthalten, wo der Leser eine positive Hervorhebung erwartet. In entscheidenden Fragen (wie z. B. Ehrlichkeit eines Mitarbeiters in finanzieller Vertrauensposition oder Unfallfreiheit eines Berufskraftfahrers), bei denen die Antwort nur „Ja" oder „Nein" lauten kann, ist es bei negativen Vorkommnissen nicht zulässig, eine unzutreffende oder gar keine Aussage zu treffen.

Bei bestimmten Berufsgruppen (z. B. Kassierern, Verkäufern, Hotelpersonal, Außendienstmitarbeitern) kann die explizite Erwähnung der Ehrlichkeit gefordert werden, wenn davon auszugehen ist, dass sonst in der entsprechenden Branche Zweifel an der Ehrlichkeit des Mitarbeiters aufkommen. Die (negative) Tatsache muss in jedem Fall angesprochen werden:

Manche Arbeitgeber versuchen, die heiklen Punkte eines Zeugnisses zu umgehen, indem sie sich missverständlich oder mehrdeutig ausdrücken. Dies ist jedoch nicht gestattet.

Enthält ein Arbeitszeugnis widersprüchliche, verschlüsselte bzw. doppelbödige Formulierungen, so sind diese ersatzlos zu streichen (vgl. LAG Hamm, Urteil v. 17.12.1998, 4 Sa 630/98, BB 2000, 1090). Die ersatzlose Streichung dieser (isolierten) Formulierungen führt im Ergebnis dazu, dass die Zeugniswahrheit auf der Strecke bleibt, denn der Arbeitgeber hätte das Zeugnis insgesamt sonst ja völlig anders formuliert.

Verklausolierte Formulierungen müssen gestrichen werden

Zeugnisse werden immer im Zusammenhang interpretiert, wodurch sich, je nach Situation, unterschiedliche Bewertungen ergeben können. Einen Konsens wird man wahrscheinlich recht schnell bei den jeweiligen Kernsätzen der Beurteilung, also der zusammenfassenden Leistungs- und Führungsbeurteilung sowie der Schlussformel erzielen. Dieser Konsens dürfte schon deshalb leicht zu erzielen sein, weil die Kernsätze justiziabel und einer Notenstufe zuzuordnen sind.

Aber ein Zeugnis besteht meist nicht nur aus den Kernsätzen, sondern auch aus zahlreichen ergänzenden Formulierungen. Hier bleibt sehr viel Raum zur Interpretation, weil diese Formulierungen in der Regel individuell und nicht eindeutig einer Notenstufe zuzuordnen sind.

Wer unterschreibt und versendet das Zeugnis?

Der Arbeitgeber ist nicht verpflichtet, das Zeugnis selbst anzufertigen oder durch sein gesetzliches Vertretungsorgan erstellen zu lassen. Auch muss keiner der beiden unterschreiben. Es genügt, wenn ein dem Unternehmen angehörender Vertreter des Arbeitgebers unterzeichnet. Im Zeugnis ist deutlich zu machen, dass dieser Vertreter dem Mitarbeiter gegenüber weisungsbefugt war (vgl. BAG Urteil v. 26.6.2001, 9 AZR 392/00, NZA 2002, 34).

Der Arbeitgeber muss das Zeugnis nicht selbst ausstellen

Dabei sind auch das Vertretungsverhältnis und die Funktion des Unterzeichners anzugeben. Der Grund: Erstens lässt sich an der Person und dem Rang des Unterzeichnenden die Wertschätzung des Mitarbeiters ablesen. Zweitens zeugt ein kompetenter Aussteller für die Richtigkeit der im Zeugnis getroffenen Aussagen. Seinen Zweck als Bewerbungsunterlage kann das Zeugnis nur erfüllen, wenn es von einem „erkennbar Ranghöheren“ ausgestellt ist. Das Vertretungsverhältnis kann mit dem Zusatz ppa. oder i.V. kenntlich gemacht werden.

Muss der Arbeitgeber das Zeugnis zusenden?

Der Mitarbeiter muss sein Zeugnis selbst abholen

Der Mitarbeiter muss sein Zeugnis selbst abholen. Wie bei allen anderen Papieren ist das Zeugnis eine Holschuld im Sinne des § 269 Abs. 2 BGB. Hält der Arbeitgeber das rechtzeitig verlangte Zeugnis jedoch nicht bis spätestens zum letzten Tag des Ablaufs der Kündigungsfrist mit den anderen Arbeitspapieren zur Abholung bereit, muss er es auf seine Gefahr und Kosten dem Mitarbeiter übersenden.
Wenn der Mitarbeiter es versäumt, sein Zeugnis, das der Arbeitgeber für ihn bereit hält, abzuholen, kann er vom Arbeitgeber nicht die Übersendung verlangen. Er muss es selbst abholen.

Wann muss der Arbeitgeber ein Zeugnis neu erstellen?

Fürsorgepflicht des Arbeitgebers

Es kommt gelegentlich vor, dass ein ehemaliger Mitarbeiter die Neuausstellung eines inhaltlich richtigen und nicht beanstandeten Zeugnisses verlangt, weil es beschädigt oder verloren wurde. In diesen Fällen ist der Arbeitgeber aufgrund seiner nachvertraglichen Fürsorgepflicht grundsätzlich verpflichtet, auf Kosten des ehemaligen Mitarbeiters ein neues Zeugnis zu erteilen (vgl. LAG Hamm, Urteil v. 17.12.1998, 4 Sa 1337/98, DB 1999, 1610).
Entscheidend ist dabei die Frage, ob dem Arbeitgeber die Neuausstellung zugemutet werden kann, weil er das Zeugnis z. B. anhand noch vorhandener Personalunterlagen ohne großen Arbeitsaufwand erneut schreiben lassen kann.

Was müssen Sie wissen, wenn es zum Rechtsstreit kommt?

Hat der Arbeitgeber den Anspruch auf Zeugniserteilung noch nicht oder nicht ordnungsgemäß erfüllt, kann der Mitarbeiter vor dem Arbeitsgericht Klage auf Ausstellung oder Berichtigung erheben. Der Klageantrag muss die Änderungswünsche enthalten.

Klage auf Ausstellung oder Berichtigung des Zeugnisses

Geht es lediglich um die Korrektur eines bereits erteilten Zeugnisses, ist im Klageantrag im Einzelnen anzugeben, was in welcher Form geändert werden soll (vgl. LAG Düsseldorf, Urteil v. 26.2.1985, 8 Sa 1873/84, DB 1985, 2692). Das Zeugnis ist dann insgesamt neu zu formulieren, wenn anderenfalls die Gefahr von Sinnentstellungen und Widersprüchlichkeiten droht.

Der Mitarbeiter kann den Prozess selbst führen

Für das Verfahren vor dem Arbeitsgericht muss kein Anwalt als Prozessbevollmächtigter beauftragt werden. Der Mitarbeiter kann den Prozess selbst führen. Kommt es im Gerichtsverfahren nicht zu einer gütlichen Einigung, entscheidet das Arbeitsgericht durch Urteil über die teilweise oder vollständige Stattgabe der Klage oder ihre Abweisung. Wird der Arbeitgeber zur vollständigen oder teilweisen Korrektur des Zeugnisses entsprechend des Klageantrages verurteilt und kommt er dem Urteil nicht nach, kann dies im Wege der Zwangsvollstreckung durchgesetzt werden.

Welche Formulierungen kann der Mitarbeiter gerichtlich durchsetzen?

Ein Zeugnis muss alle wesentlichen Tatsachen und Bewertungen enthalten, die für die Beurteilung des Mitarbeiters von Bedeutung und für einen künftigen Arbeitgeber von Interesse sind. Der bisherige Arbeitgeber entscheidet allein, welche Leistungen und Eigenschaften seines Mitarbeiters er hervorheben will. Das Zeugnis muss lediglich wahr sein und darf dort keine Auslassungen aufweisen, wo der Leser eine positive Bemerkung erwartet.

Qualifizierte Zeugnisse müssen der gebräuchlichen Gliederung entsprechen

Der Arbeitgeber muss der Verkehrssitte Rechnung tragen und auch bei qualifizierten Zeugnissen die gebräuchliche Gliederung beachten, die inzwischen weitgehend standardisiert ist. Weder Wortwahl noch Satzstellung oder Auslassungen dürfen dazu führen, dass bei Dritten der Wahrheit nicht entsprechende Vorstellungen geweckt werden. Der Arbeitgeber ist bei den Bewertungen in diesem Rahmen frei, welche Formulierungen er wählt.

Das Zeugnis darf nicht mit geheimen bzw. verschlüsselten Kennzeichen (Geheimzeichen) oder Formulierungen versehen werden, die den Zweck haben, den Mitarbeiter in einer aus dem Wortlaut des Zeugnisses nicht ersichtlichen Weise zu charakterisieren (§ 109 Abs. 2 GewO). Deshalb kann der Mitarbeiter im Grunde nur die im Rahmen der Verkehrssitte üblichen Formulierungen gerichtlich durchsetzen. Standardformulierungen, die weitgehend bekannt sind, muss er hinnehmen. Er kann keine individuellen Formulierungen durchsetzen.

Was kann der Mitarbeiter vor Gericht nicht durchsetzen?

Falsche, widersprüchliche oder verschlüsselte Formulierungen müssen gestrichen werden

In der Praxis wird vor den Arbeitsgerichten in der Regel nicht darum gestritten, welche vom Mitarbeiter gewünschten Wertungs-Formulierungen in das Zeugnis aufzunehmen sind, sondern meistens darum, welche Formulierungen falsch, widersprüchlich oder verschlüsselt bzw. doppelbödig sind und deshalb ersatzlos gestrichen werden sollen (vgl. die Rechtsprechung zur „verschlüsselten Zeugnissprache“, LAG Hamm, Urteil v. 17.12.1998, 4 Sa 630/98, BB 2000, 1090).

Ein Zeugnis darf nicht in sich widersprüchlich sein. Mit Hilfe von Widersprüchen darf auch keine Herabsetzung der Beurteilung erfolgen. Im Fall einer widersprüchlichen Formulierung muss die gesamte Formulierung, die geeignet ist, den Mitarbeiter in seiner beruflichen Karriere zu behindern, entfernt werden. Dies gilt nach der Rechtsprechung unabhängig davon, wie das Führungsverhalten des Mitarbeiters tatsächlich zu bewerten ist. Eine Ausnahme bildet die zusammenfassende Leistungs- und Führungsbeurteilung, bei der sich die Gerichte inzwischen an einem standardisierten, abgestuften

Noten- und Formulierungskatalog orientieren. Hinsichtlich der Leistungs- und Führungsbeurteilung kann der Mitarbeiter ggf. eine andere Bewertung und die damit korrespondierende Formulierung gerichtlich durchsetzen.

Negativ anspruch

Dem Mitarbeiter steht deshalb hinsichtlich der bewertenden Formulierungen im Zeugnis grundsätzlich nur ein „Negativanspruch" zu – er kann nur Streichungen durchsetzen. Anders ist es, wenn das Zeugnis hinsichtlich der Darstellung von Tatsachen (z. B. Qualifikationen), welche für die Beurteilung der Führung und Leistung charakteristisch sind, unvollständig ist. In diesen Fällen kann der Mitarbeiter die Aufnahme in das Zeugnis auch gerichtlich durchsetzen.

Kann der Mitarbeiter eine Schlussformel gerichtlich durchsetzen?

In der Praxis hat es sich als üblich herausgebildet, zum Abschluss eines Endzeugnisses eine Dankes-/Bedauernsformel mit Zukunftswünschen zu verwenden. Oft wird dabei der Dank für geleistete Arbeit bzw. das Bedauern über das Ausscheiden durch die Würdigung bleibender Verdienste ergänzt. Derartige Formulierungen sind geeignet, ein Zeugnis abzurunden – ihr Fehlen wird daher oft auch negativ beurteilt.

Schlusssätze sind kein Muss

Das Bundesarbeitsgericht hat klargestellt, dass dennoch kein Rechtsanspruch auf die Aufnahme von Schlusssätzen besteht (vgl. BAG Urteil v. 20.2.2001, 9 AZR 44/ 00, NZA 2001, 843). Nach Auffassung des Bundesarbeitsgerichts gehören Schlusssätze nicht zum gesetzlich geschuldeten Inhalt eines Arbeitszeugnisses; sie sind nicht Bestandteil der geschuldeten Führungs- und Leistungsbeurteilung.

Nach Auffassung des Bundesarbeitsgerichts macht das Fehlen von Schlusssätzen ein Endzeugnis nicht unvollständig; dies sei kein unzulässiges Geheimzeichen. Die Rechtsprechung zur unzulässigen Auslassung, dem „beredten Schweigen", betrifft nur den gesetzlich geschuldeten Zeugnisinhalt, d. h. die Art und Dauer der Tätigkeit sowie die Leistungs- und Führungsbeurteilung. Die Grundsätze dieser Rechtsprechung werden auf das Fehlen von Schlusssätzen nicht übertragen.

Zwar erkennt auch das Bundesarbeitsgericht an, dass Schlusssätze nicht beurteilungsneutral sind, sondern geeignet, die objektiven Zeugnisaussagen zu Führung und Leistung des Mitarbeiters und die Angaben zum Grund der Beendigung des Anstellungsverhältnisses zu bestätigen oder zu relativieren. Aus der Tatsache, dass ein Zeugnis mit passenden Schlusssätzen aufgewertet werde, lässt sich nach Auffassung des Bundesarbeitsgerichts aber nicht folgern, dass ein Zeugnis *ohne* jede Schlussformulierung in unzulässiger Weise „entwertet" wird. Formulierung und Gestaltung des Zeugnisses obliegen dem Arbeitgeber; zu seiner Gestaltungsfreiheit gehört auch die Entscheidung, ob er das Endzeugnis um Schlusssätze anreichert.

Schlusssätze müssen zur Bewertung passen

Soweit Arbeitgeber Schlussformulierungen verwenden, müssen diese mit dem übrigen Zeugnisinhalt, insbesondere der Leistungs- und Führungsbewertung, schlüssig übereinstimmen. Unterlassene negative Werturteile dürfen nicht mit einer knappen und „lieblosen" Schlussformel versteckt nachgeholt werden – hier kann der Mitarbeiter eine entsprechende Korrektur auch gerichtlich durchsetzen.

Kann der Arbeitgeber ein Zeugnis zurückhalten?

Der Arbeitgeber hat kein Recht, das Zeugnis wegen etwaiger Gegenansprüche aus dem Anstellungsverhältnis (z. B. Rückzahlung von Fortbildungskosten) zurückzuhalten. Hier steht der dadurch möglicherweise beim Mitarbeiter verursachte Schaden nicht im Verhältnis zu den Ansprüchen des Arbeitgebers.

In welchen Fällen darf der Arbeitgeber das Zeugnis widerrufen?

Nur wer sich in wichtigen Punkten geirrt hat, kann widerrufen

Hat sich der Arbeitgeber bei der Erstellung des Zeugnisses im Hinblick auf schwer wiegende Umstände geirrt, und ist es deshalb unrichtig, kann er gegen Erteilung eines neuen Zeugnisses die Herausgabe des alten verlangen. Der Widerruf des Zeugnisses wird wirksam, wenn er dem Mitarbeiter zugeht. Deshalb sollte er aus Beweisgründen schriftlich erklärt werden.

Ein Zwischenzeugnis kann der Arbeitgeber bereits dann zurückverlangen, wenn die Beurteilung aufgrund des Verhaltens des Mitarbeiters *nach* Ausstellung nicht mehr den Tatsachen entspricht oder sich die Leistungsbeurteilung wegen nachhaltiger Mängel geändert hat.

Wenn das Zeugnis allerdings bewusst falsch ausgestellt wurde, kann der Arbeitgeber im Nachhinein davon nicht mehr abrücken (vgl. BAG, Urteil v. 3.3.1993, 5 AZR 182/92, DB 1993, 1624). Das Gleiche gilt, wenn er durch Vergleich oder Urteil zu einer bestimmten Formulierung verpflichtet war. Will der Arbeitgeber trotzdem eine Änderung des Zeugnisses erreichen, muss er zunächst den Rechtstitel im Wege einer Vollstreckungsgegenklage vom Arbeitsgericht aufheben lassen. Die Beweislast für die Unrichtigkeit des Zeugnisses trägt hier der Arbeitgeber.

Bewusst falsch ausgestellt Zeugnisse können nicht zurückgezogen werden

Die Beweislast für die Voraussetzungen des Widerrufs sowie für die Richtigkeit des neuen Zeugnisses trägt der Arbeitgeber (vgl. LAG Hamm, Urteil v. 1.12.1994, 4 Sa 1540/94, LAGE Nr. 25 zu § 630 BGB).

Wie hoch sind die Kosten eines Gerichtsverfahrens?

Für die Höhe der Gerichtskosten und der Anwaltskosten kommt es auf den Gegenstandswert bzw. Streitwert an. Die Gerichtskosten sind je nach Ausgang des Verfahrens anteilig von beiden Parteien oder von einer Partei alleine zu tragen. Es entstehen keine Gerichtskosten, wenn das Verfahren ohne streitige Verhandlung durch einen im Gütetermin abgeschlossenen oder durch einen außergerichtlichen Vergleich beendet wird.

Gerichtskosten richten sich nach der Höhe des Streitwerts

Wird ein Rechtsanwalt mit der Vertretung im Prozess beauftragt, entstehen für jede Instanz zumindest zwei Rechtsanwaltsgebühren (eine Verfahrensgebühr, eine Terminsgebühr nach unterschiedlichen Gebührensätzen auf Basis eines gesetzlichen Vergütungsverzeichnisses). Wird ein Vergleich geschlossen, kommt eine Einigungsgebühr hinzu. Zusätzlich kann der Rechtsanwalt eine Auslagenpauschale von € 20,00 beanspruchen. Zu diesen Gebühren ist die gesetzliche Umsatzsteuer hinzuzurechnen.

In der ersten Instanz vor dem Arbeitsgericht müssen die eigenen Anwaltsgebühren von jeder Partei selbst getragen werden. Dies gilt auch für den Fall des Obsiegens; die erstinstanzlichen Anwaltsgebühren im Arbeitsgerichtsverfahren werden nicht von der unterlegenen Partei ersetzt.

Gerichtsgebühren für das arbeitsgerichtliche Verfahren

Gerichts gebühren

Bruttomonatsgehalt in EURO	Gerichtsgebühr in EURO
3.000,--	120,--
3.500,--	140,--
4.000,--	160,--
4.500,--	180,--
5.000,--	200,--
6.000,--	240,--
7.000,--	280,--
8.000,--	320,--
9.000,--	360,--
10.000,--	400,--
11.000,--	440,--
über 12.000,--	500,--

Anwaltsgebühren nach dem Rechtsanwaltsvergütungsgesetz (RVG)

Anwalts gebühren

Brutto Monatsgehalt in EURO	1,3 Verfahrensgebühr (§§ 2, 13 RVG i.V.m. Nr. 3100 RVG) (ohne MWSt.)	1,2 Terminsgebühr (§§ 2, 13 RVG i.V.m. Nr. 3104 RVG) (ohne MWSt.)	1 Einigungsgebühr (§§ 2, 13 RVG i.V.m. Nr. 1003 RVG) (ohne MWSt.)
bis 3.000,--	245,--	226,--	189,--
bis 3.500,--	282,--	260,--	217,--
bis 4.000,--	318,--	294,--	245,--
bis 4.500,--	354,--	327,--	273,--
bis 5.000,--	391,--	361,--	301,--
bis 6.000,--	439,--	405,--	338,--
bis 7.000,--	487,--	450,--	375,--
bis 8.000,--	535,--	494,--	412,--
bis 9.000,--	583,--	538,--	449,--
bis 10.000,--	631,--	583,--	486,--
bis 13.000,--	683,--	631,--	526,--

1 Die Ablaufcheckliste: Wer muss was wann tun?

Was ist bei der Erstellung des Arbeitszeugnisses konkret zu tun? Wer ist für welche Arbeitsschritte zuständig? Und bis wann müssen die einzelnen Schritte ausgeführt worden sein?

Von der Kündigung Ihres Mitarbeiters bis hin zur Aushändigung des Zeugnisses und der Ablage von Zeugniskopien finden Sie in der Ablaufcheckliste alle notwendigen Schritte am zeitlichen Ablauf orientiert aufgelistet. So können Sie die Zeugniserstellung im Voraus planen und koordinieren. Die Ablaufcheckliste ist ebenfalls auf der CD-ROM enthalten. Sie können sie ausdrucken oder direkt an Ihrem PC weiter bearbeiten.

Die Ablaufcheckliste finden Sie ab S. 44

1.1 Wer ist an der Erstellung des Arbeitszeugnisses beteiligt?

Die Personalabteilung

Die Personalabteilung bzw. die Personalreferentin oder der Personalreferent haben den wichtigsten Part bei der Zeugniserstellung. Von hier aus wird der gesamte Ablauf gesteuert und darauf geachtet, dass fehlende Daten eingehen sowie Termine eingehalten werden. Die Personalabteilung teilt den Bewertungsbogen zum Ankreuzen aus, fordert ihn zurück, vergleicht die Daten und erstellt dann daraus das Zeugnis.

Anders sieht es aus, wenn Sie in einer kleinen Firma arbeiten, die keine/n Personalreferenten/in hat. Dann liegt die Verantwortung für das Arbeitszeugnis beim Fachvorgesetzten. In diesem Fall empfiehlt es sich, Aufgaben an den Mitarbeiter zu delegieren.

Der Fachvorgesetzte

Der Fachvorgesetzte ist vor allem gefragt, wenn es um die Zusammenstellung der Tätigkeitsbeschreibung, die Bewertung der Leistung des Mitarbeiters und um das Mitarbeitergespräch geht. Wenn es keinen Personalreferenten gibt, muss der Fachvorgesetzte dessen Aufgaben bei der Zeugniserstellung übernehmen.

Der Mitarbeiter bzw. die Mitarbeiterin

Beteiligung des Mitarbeiters an der Zeugniserstellung

Der Mitarbeiter ist mindestens gefragt, das Zeugnis durchzusehen und Änderungen anzumelden. In etlichen Firmen (gerade in den kleinen ohne Personalabteilung) geht man dazu über, den Mitarbeiter bei der Erstellung des Zeugnisses zu beteiligen. Das ist sicherlich nicht jedermanns Sache. Und man kann dagegen einwenden, dass es die Zeugniserstellung nicht einfacher macht (viele Köche ...) und es ausreicht, wenn der Mitarbeiter das Zeugnis zuletzt durchsieht und dann seine Änderungswünsche anbringt (das ist der übliche Weg). Aber den Mitarbeiter anzufragen, einen Zeugnisentwurf oder zumindest Teile beizusteuern, kann auch eine deutliche Arbeitserleichterung für Sie bedeuten. Es kann ein Zeugnis insbesondere bei der Tätigkeitsbeschreibung plastischer und damit qualifizierter machen, weil es näher an der Praxis ist. Der Mitarbeiter hat die Möglichkeit, das Zeugnis entsprechend seinen beruflichen Plänen zu gewichten, und er wird am Ende zufriedener mit dem Zeugnis sein. Vor allem wird durch die Mitarbeiterbeteiligung möglichen späteren Auseinandersetzungen wirksam vorgebeugt.

Der Geschäftsführer

Der Geschäftsführer oder der Unterschriftsberechtigte liest das Zeugnis durch und fordert eventuell noch einige kleinere Korrekturen. Wichtig aber ist, dass er das Zeugnis unterschreibt.

1.2 Zeitplanung mit der Ablaufcheckliste

Das Endzeugnis sollte ein Mitarbeiter möglichst am letzten Arbeitstag erhalten. Und da so ein Zeugnis etliche Stationen zu durchlaufen hat, bis es fertig ist, verstreicht die Zeit von der Kündigung bis zum letzten Arbeitstag schnell. Hat der Mitarbeiter außerdem noch Resturlaub oder Überstunden abzufeiern, ist dieses Ziel nur schwer zu erreichen. Damit es aber trotzdem klappt, bieten wir Ihnen eine Ablaufcheckliste an, die Sie am Ende dieses Kapitels finden.

Die Ablaufcheckliste unterstützt Sie bei der Erstellung des Arbeitszeugnisses, indem sie daran erinnert, wann welche Aufgaben und von wem zu erledigen sind. So haben Sie nicht nur die knappe Zeit im Blick, sondern können auch auf die Qualität des Zeugnisses Rücksicht nehmen und auf die positive Erfahrung des Mitarbeiters zurückgreifen. Die Ablaufcheckliste sagt Ihnen nicht nur, was wann von wem getan werden muss, sondern verweist Sie auch auf alle weiteren Checklisten und Arbeitsmittel im Buch und auf der CD-ROM, die Sie direkt einsetzen können.

So arbeiten Sie mit der Ablaufcheckliste

Drucken Sie die Ablaufcheckliste von der CD-ROM aus oder bearbeiten Sie diese direkt an Ihrem PC. Füllen Sie zunächst aus, für wen das Zeugnis erstellt wird und welche Personalreferenten und Fachvorgesetzte für die Erstellung verantwortlich sind. Bestimmen sie dann den zeitlichen Ablauf in 14 vorgegebenen Arbeitsschritten von der Kündigung Ihres Mitarbeiters bis zur Aushändigung und Archivierung des Zeugnisses. Tragen Sie dazu die einzelnen Termine rückwärts, beginnend mit dem letzten Arbeitstag des Mitarbeiters, in die Spalte oberhalb des Zeitstrahls ein. Wenn der letzte Arbeitstag der 21. Mai ist, so tragen Sie bei „eine Woche vor dem letzten Arbeitstag“ den 14. Mai ein usw. Anhand des so erstellten Terminplans können Sie jederzeit überblicken, was gerade ansteht.

1.3 Arbeitsmittel: Ablaufcheckliste

Erstellung des Zeugnisses für:					
Verantwortlich in der Personalabteilung ist:					
Fachvorgesetzter ist:					
Unterschriftsberechtigter ist:					
	Was ist zu tun?	**Wer macht es?**	**Konkret ist zu tun:**	**Bis wann?**	**o.k.?**
1	Kündigung des Mitarbeiters	Arbeitgeber	Schriftliche Mitteilung durch Geschäftsführung/ Fachvorgesetzten an den Mitarbeiter		
		Mitarbeiter	Mitteilung des Mitarbeiters an Vorgesetzten oder Personalabteilung		
2	Verlangen eines Zwischen- bzw. Endzeugnisses	Mitarbeiter	Verlangen gegenüber Vorgesetztem oder Personalabteilung	Sofort	
3	Wie ist der Informationsstand für die Zeugniserstellung ?	Personalabteilung	Welche Informationen liegen vor? In der • Personalakte • Stellenbeschreibung	Sofort	
			Erstellung einer Übersicht mit den Punkten, zu denen noch Informationen fehlen	Sofort	

	Was ist zu tun?	Wer macht es?	Konkret ist zu tun:	Bis wann?	o.k.?
4	Anforderung fehlender Informationen für Zeugniserstellung	Personalabteilung	Schreiben an Fachvorgesetzten wegen Zuarbeit bei fehlenden Informationen	Sofort	
5	Zusammenstellung fehlender Informationen für die Personalabteilung	Fachvorgesetzter	Übermittlung der fehlenden Informationen an Personalabteilung	Sofort	
6	Ggf. Erinnerung an Fachvorgesetzten wegen Zuarbeit bei fehlenden Informationen	Personalabteilung	Erinnerung und Fristsetzung	(Termin eintragen)	
7	Ggf. Bitte an Mitarbeiter, einen Zeugnisentwurf zu verfassen	Personalabteilung	Erinnerung und Fristsetzung	(Termin eintragen)	
	oder Erstellung eines ersten Zeugnisentwurfs	Personalabteilung	Abstimmung des ersten Entwurfs des Zeugnisses mit Fachvorgesetzten, ggf. Überarbeitung	drei Wochen vor Beendigungstermin	
8	Besprechung des Zeugnisentwurfs mit dem Mitarbeiter	Personalabteilung	Ggf. Änderungen des Zeugnisentwurfs nach Rücksprache mit Fachvorgesetzten	zwei Wochen vor Beendigungs termin	
9	Übermittlung des Zeugnisentwurfs an Unterschriftsberechtigten zur Durchsicht	Personalabteilung	Besprechung des Zeugnisentwurfs mit Unterschriftsberechtigten	eine Woche vor Beendigungstermin	

	Was ist zu tun?	Wer macht es?	Konkret ist zu tun:	Bis wann?	o.k.?
10	Rückgabe der Endfassung des Zeugnisses an Personalabteilung zur Ausfertigung	Unterschriftsberechtigter	Mitteilung von Änderungswünschen für die Endfassung des Zeugnisses	Sofort	
11	Ausfertigung des Zeugnisses	Personalabteilung	Ausdrucken des Zeugnisses auf Firmenpapier	Sofort	
12	Unterzeichnung des Zeugnisses	Geschäftsführung/ Unterschriftsberechtigter	Unterzeichnung und Rückgabe an Personalabteilung	zwei Tage vor dem Beendigungstag	
13	Aushändigung des Zeugnisses zusammen mit den anderen Arbeitspapieren an Mitarbeiter	Personalabteilung	Prüfung der Laufzettel des Mitarbeiters, Übergabe der Dokumente/ Arbeitspapiere gegen Empfangsbestätigung	Am letzten Tag des Anstellungsverhältniss.	
14	Ablage von Zeugniskopie und Empfangsbestätigung in der Personalakte	Personalabteilung	Ablage in der Personalakte, Schließen der Personalakte und Archivierung	Sofort nach Aushändigung des Zeugnisses	

2 Bewertungsbogen und Begleitschreiben

Fachwissen, Weiterbildung, Auffassungsgabe – Wie schneidet Ihr Mitarbeiter in den einzelnen Bewertungskomponenten ab? Bei der Erstellung des Arbeitszeugnisses brauchen Sie Informationen aus unterschiedlichen Quellen. Sie können z. B. auf eine Stellenbeschreibung zurückgreifen oder ein Mitarbeitergespräch führen. In der Regel kennt der Fachvorgesetzte den Mitarbeiter am Besten und wird die aussagekräftigste Beurteilung geben können.

Am Ende dieses Kapitels finden Sie den Bewertungsbogen und ein Begleitschreiben für den Fachvorgesetzten. Mit dem Bewertungsbogen können Sie oder der Fachvorgesetzte die Fähigkeiten Ihres Mitarbeiters einschätzen und anschließend schnell und einfach das Arbeitszeugnis erstellen. Das Begleitschreiben erklärt das Vorgehen und gibt Tipps zur Bewertung.

Bewertungsbogen und Begleitschreiben finden Sie am Ende dieses Kapitels

2.1 Noten vergeben mit dem Bewertungsbogen

„Er besuchte mehrmals Seminarangebote unseres Unternehmens sowie externe Veranstaltungen, um sein Wissen stets auf dem neuesten Stand zu halten“ Wer hätte gedacht, dass diese Aussage den Aspekt Weiterbildung mit der Note 5 bewertet? Die Zeugnissprache wirkt auf den Laien oftmals verwirrend, darum ist es sinnvoll, zunächst nur mit Noten zu bewerten. Dieses Vorgehen erleichtert besonders die Arbeit des Fachvorgesetzten, dessen Aufgabe es ist, die Fähigkeiten des Mitarbeiters einzuschätzen. Zu diesem Zweck geben wir Ihnen einen speziellen Bewertungsbogen für den Fachvorgesetzten an die Hand, auf dem – abgesehen von der stichwortartig auszufüllenden Tätigkeitsbeschreibung – nur noch die einzelnen Notenstufen angekreuzt werden müssen.

Sie finden den Bewertungsbogen sowohl hier im Buch, als auch auf der CD-ROM zum Ausdrucken oder zur direkten Bearbeitung an Ihrem PC. Leiten Sie diesen zum Ausfüllen an den betreffenden Vorgesetzten weiter. Sie können aber auch Ihren Mitarbeiter auffordern, sich selbst zu bewerten. Der ausgefüllte Bewertungsbogen dient Ihnen als Grundlage für die weitere Zeugnisbearbeitung.
Ein Begleitschreiben zum Bewertungsbogen, das Sie ebenfalls auf der CD-ROM finden, hilft ihm beim Ausfüllen der Liste, beschreibt das weitere Vorgehen und enthält wichtige Grundregeln und Tipps für die Bewertung.
Der Bewertungsbogen hat dieselbe Gliederung wie das Arbeitszeugnis. Mit dem Aufbau in 14 Bewertungskriterien folgt der Bewertungsbogen damit einem Urteil des Landesarbeitsgerichts Hamm – so können Sie sicher sein, dass der Fachvorgesetzte keinen der Bestandteile auslässt, die ein Zeugnis beinhalten muss. Im folgenden Abschnitt sind die wesentlichen inhaltlichen Komponenten eines qualifizierten Arbeitszeugnisses aufgeführt. Anhand einer Checkliste können Sie überprüfen, ob Sie alle Zeugnisbestandteile berücksichtigt haben.

2.2 Welche Bestandteile muss ein qualifiziertes Arbeitszeugnis enthalten?

Der Arbeitgeber hat nicht nur die Zeugnissprache, sondern auch die gebräuchliche Gliederung eines qualifizierten Zeugnisses zu beachten, da sich diese inzwischen weitgehend standardisiert hat. Dabei ist in dem einen oder anderen Punkt noch umstritten, welche Grundelemente ein qualifiziertes Zeugnis zwingend beinhalten muss. Nicht in jedem Zeugnis müssen alle Gesichtspunkte ausführlich enthalten sein. Einzelne Aspekte können auch zusammengefasst werden.
Das Landesarbeitsgericht Hamm (LAG Hamm) hat sich in der Vergangenheit intensiv und ausführlich mit Problemen des Zeugnisrechts auseinander gesetzt. Daher kommt seinen Entscheidungen im Zeugnisrecht eine gewisse Leit- und Orientierungsrolle zu (vgl. LAG Hamm, Urteil v. 1.12.1994, 4 Sa 1631/94, LAGE Nr. 28 zu § 630 BGB; Urteil v. 27.2.1997, 4 Sa 1691/96, NZA-RR 1998, 151 ff.).

Für ein Arbeitszeugnis sind folgende Bestandteile notwendig:

- Auf dem Firmenpapier steht zunächst die Überschrift, je nachdem um was für ein Zeugnis es sich handelt: Zeugnis oder Schlusszeugnis, Zwischenzeugnis, vorläufiges Zeugnis, Ausbildungszeugnis.
- Es folgt die *Eingangsformel* mit den Personalien des Mitarbeiters, falls vorhanden dessen akademischer Titel, die Dauer des Anstellungsverhältnisses und evtl. die Vordienst- und Ausbildungszeiten und etwaige Beschäftigungsunterbrechungen.
- Nun kommt der erste große Teil, die *Tätigkeitsbeschreibung*. Hier sollen genannt werden: das Unternehmen, Branche, Aufgabengebiet; hierarchische Position, Kompetenzen und Verantwortung, Art der Tätigkeit; Berufsbild, Berufsbezeichnung, berufliche Entwicklung im Unternehmen.
- Im zweiten großen Teil geht es um die *Leistungsbeurteilung*: Das LAG Hamm differenziert die Leistungsbeurteilung nach sechs Merkmalen in jeweils zwei Begriffspaaren, wobei die Übergänge oft fließend und Unschärfen deshalb nicht zu vermeiden sind. Bei *Arbeitsbefähigung* (oder Können) geht es in erster Linie um die Darstellung des Fachwissens und der Fachkenntnisse und der Umsetzung des theoretischen Wissens als Einstieg in die Leistungsbeurteilung. Dabei werden in der Praxis Fachwissen und -können in der Regel gleich bewertet und hängen eng zusammen. Im Sprachgebrauch ist oft eine synonyme Verwendung der Kategorien festzustellen. *Arbeitsbereitschaft* (oder Wollen) verlangt die Bewertung des Arbeitseinsatzes, Engagements, der Initiative und der Einsatzbereitschaft des Mitarbeiters. Hier geht es z. B. um sein Interesse und seine Bereitschaft zur Weiterbildung. Mit *Arbeitsvermögen* sind Arbeitsausdauer und Belastbarkeit gemeint. Mit *Arbeitsweise* (oder Einsatz) sind Zuverlässigkeit, Selbstständigkeit und Gewissenhaftigkeit des Mitarbeiters zu bewerten. *Arbeitsergebnis* (oder Erfolg) meint Effizienz, Ökonomie und Tempo. Unter *Arbeitserwartung* (oder Potential) versteht das LAG Hamm schließlich Auffassungsgabe, Auffassungsvermögen, Verhandlungsgeschick sowie Urteilsvermögen.

Sechs Merkmale der Leistungsbeurteilung

- Es sollten nun noch einige kürzere Passagen im Zeugnis benannt werden wie herausragende Erfolge (oder Ergebnisse: Patente, Verbesserungsvorschläge), falls es solche gab.
- Dann die Führungsleistung (aber nur bei Vorgesetzten) in Hinsicht auf die Motivation der Mitarbeiter, die Abteilungs- und Gruppenleistung und das Arbeitsklima.
- Nun kommt die zusammenfassende Leistungsbeurteilung (Zufriedenheitsaussage; Erwartungshaltung, Verhaltensbeurteilung), die Beurteilung der Vertrauenswürdigkeit, Verantwortungsbereitschaft (Loyalität, Ehrlichkeit, Pflichtbewusstsein, Gewissenhaftigkeit) und des
- Sozialverhaltens (Verhalten zu Vorgesetzten, Gleichgestellten, Mitarbeitern, Dritten (z. B. Kunden); mit der zusammenfassenden Führungsbeurteilung)
- Schließlich kommen die Aussagen zur Beendigungsmodalität beim Schlusszeugnis bzw. der Grund der Zeugniserteilung beim Zwischenzeugnis und die *Schlussformel* (nur beim Schlusszeugnis): Dank, Bedauern, Zukunftswünsche, Wiedereinstellungszusage/Einstellungsempfehlung.

Unter dem Text stehen dann noch Ort, Datum und Name des Ausstellers in maschinenlesbarer Form evtl. mit Vertretungszusatz und der Original-Unterschrift.

2.3 Checkliste: Inhalt des Arbeitszeugnisses

	Bestandteil	Kommentar	o.k.?
	Überschrift		
1	Einleitung		
2	Tätigkeitsbeschreibung		
3	Fachwissen und Fachkönnen	Ausbildung, Berufserfahrung, praktische Fähigkeiten, Nutzung und Anwendung des Fachwissens	
4	Weiterbildung	Weiterbildung, Fortbildung	
5	Auffassungsgabe	logisch-analytisches Denkvermögen, Systematik, Methodik	
6	Denk- und Urteilsvermögen	Urteilsvermögen, Kreativität, Planung, Organisation	
7	Leistungsbereitschaft	Einsatzwille, Einsatzbereitschaft, Engagement, Elan, Initiative, Dynamik	
8	Belastbarkeit	Interesse, Bereitschaft zur Mehrarbeit, Stressfestigkeit	
9	Arbeitsweise	Selbstständigkeit, Schnelligkeit, Genauigkeit	
10	Zuverlässigkeit	Pflichtbewusstsein, Gewissenhaftigkeit, Vertrauenswürdigkeit, Loyalität	
11	Arbeitsergebnis	Zielerreichung, Arbeitsmenge, Arbeitsgüte, Termintreue, Qualität, Quantität, Zeitausnutzung	
12	Führungsfähigkeit	(nur bei Führungskräften)	
13	Zusammenfassende Leistungsbeurteilung		
14	Persönliche Führung		
15	Beendigungsgrund	beim Zwischenzeugnis steht hier der Grund für die Erstellung des Zeugnisses	
16	Schlussformulierung		

2.4 Arbeitsmittel: Bewertungsbogen

Bewertungen für das Zeugnis von:					
Tätigkeitsbeschreibung (bitte stichwortartig ausfüllen)					
Fachwissen und Fachkönnen (bitte die entsprechende Note ankreuzen)					
sehr gut	gut	befriedigend	ausreichend	mangelhaft	ungenügend
Weiterbildung (bitte die entsprechende Note ankreuzen)					
sehr gut	gut	befriedigend	ausreichend	mangelhaft	ungenügend
Auffassungsgabe (bitte die entsprechende Note ankreuzen)					
sehr gut	gut	befriedigend	ausreichend	mangelhaft	ungenügend
Denk- und Urteilsvermögen (bitte die entsprechende Note ankreuzen)					
sehr gut	gut	befriedigend	ausreichend	mangelhaft	ungenügend
Leistungsbereitschaft (bitte die entsprechende Note ankreuzen)					
sehr gut	gut	befriedigend	ausreichend	mangelhaft	ungenügend
Belastbarkeit (bitte die entsprechende Note ankreuzen)					
sehr gut	gut	befriedigend	ausreichend	mangelhaft	ungenügend

Arbeitsweise (bitte die entsprechende Note ankreuzen)					
sehr gut	gut	befriedigend	ausreichend	mangelhaft	ungenügend

Zuverlässigkeit (bitte die entsprechende Note ankreuzen)					
sehr gut	gut	befriedigend	ausreichend	mangelhaft	ungenügend

Arbeitsergebnis (bitte die entsprechende Note ankreuzen)					
sehr gut	gut	befriedigend	ausreichend	mangelhaft	ungenügend

Führungsfähigkeit (nur bei Führungskräften – bitte die entsprechende Note ankreuzen)					
sehr gut	gut	befriedigend	ausreichend	mangelhaft	ungenügend

Zusammenfassende Leistungsbeurteilung (bitte die entsprechende Note ankreuzen)					
sehr gut	gut	befriedigend	ausreichend	mangelhaft	ungenügend

Persönliche Führung (bitte die entsprechende Note ankreuzen)					
sehr gut	gut	befriedigend	ausreichend	mangelhaft	ungenügend

Beendigungsgrund (bitte ankreuzen)		
hat selbst gekündigt	Aufhebungsvertrag	wurde gekündigt

Schlussformulierung (bitte die entsprechende Note ankreuzen)					
sehr gut	gut	befriedigend	ausreichend	mangelhaft	ungenügend

2.5 Arbeitsmittel: Begleitschreiben

Sehr geehrte/r Frau/Herr ...

Sie erhalten hier den Bewertungsbogen für das Arbeitszeugnis von Frau/Herrn ... . Meine Bitte ist an Sie als Fachvorgesetzter von Frau/Herrn ..., die Bewertung für das Zeugnis vorzunehmen. Dazu möchte ich Ihnen zwei Wege vorschlagen:

Führen Sie ein Abschlussgespräch

mit Frau/Herrn ... in dem Sie unter anderem auch den Bewertungsbogen durchgehen und gemeinsam die Bewertungen vornehmen. Eine gemeinsame Bewertung steigert die Zufriedenheit des Zeugnisempfängers mit dem Zeugnis und mindert das Risiko eines gerichtlichen Prozesses.

Sie leiten dann den Bewertungsbogen an mich weiter, ich erstelle das Zeugnis und sowohl der Zeugnisempfänger als auch Sie erhalten es nochmals zur Durchsicht. In dem Abschlussgespräch ist es außerdem üblich, dem ausscheidenden Mitarbeiter Fragen zu stellen, auf die ein Mitarbeiter sonst eher zurückhaltend antworten wird, z. B. Kritik an der Firma und der Führungsweise. Durch solch ein Abschlussgespräch können Sie an wichtige Informationen für die Firma kommen.

Oder füllen Sie nur den Bewertungsbogen aus:

1. Beschreiben Sie die Tätigkeiten des Mitarbeiters und kreuzen Sie die jeweiligen Benotungen an. Beides leiten Sie bitte an mich zurück.
2. Ich erstelle das Zeugnis und lege es Ihnen zur Durchsicht vor.
3. Der Zeugnisempfänger erhält die Möglichkeit, Änderungswünsche schriftlich oder in einem Gespräch mit mir vorzubringen.

Termine:

Damit Frau/Herr ... das Zeugnis am letzten Arbeitstag erhält, bitte ich Sie, den Bewertungsbogen bis zum .... an mich zurückzugeben.

Hier noch ein paar Tipps und Grundregeln für die Bewertung:

Formulierung und Gestaltung des Zeugnisses obliegen dem Arbeitgeber.

Bewerten Sie sachlich. Lassen Sie sich möglichst nicht von der Sympathie (sowohl im Negativen wie im Positiven) leiten. Sicherlich wurden Sie selbst schon mal ungerecht bewertet.

Vergleichen Sie die Leistungen des Mitarbeiters mit denen der Kollegen.

Die beste Leistung unter sonst mangelhaften muss deswegen, weil sie die beste ist, noch lange nicht sehr gut sein.

Achten Sie darauf, dass die Bewertungen nicht allzu sehr voneinander abweichen: Die Bewertungen sollen ein stimmiges Gesamtbild ergeben.

Falls Sie Fragen haben, wenden Sie sich an mich.

Herzliche Grüße

(Unterschrift)

3 Textbausteine (männlich)

So arbeiten Sie mit den Textbausteinen

In diesem und im folgenden Kapitel sowie auf der CD-ROM finden Sie über 1.000 vorgefertigte, rechtssichere Zeugnisformulierungen. Die Textbausteine sind Schritt für Schritt genau so angeordnet wie auf dem Bewertungsbogen, der wiederum der Gliederung des Arbeitszeugnisses entspricht. Jede Zeugniskomponente, mit Ausnahme der Tätigkeitsbeschreibung, können Sie mithilfe der Textbausteine bewerten. Dabei stehen Ihnen für jede der sechs Notenstufen jeweils sechs männliche und weibliche Formulierungsvarianten als Textbausteine zur Verfügung.

Nehmen Sie den von Ihrem Fachvorgesetzten ausgefüllten Bewertungsbogen als Vorlage und wählen Sie einfach für jeden der 15 Zeugnisbestandteile unter der entsprechenden Notenstufe jeweils eine passende Textvariante aus. Oder nutzen Sie die reichhaltige Auswahl an Sprachformeln, um das Zeugnis genau auf den Einzelfall abzustimmen. Zur schnelleren Orientierung haben wir die 15 Schritte wie beim Telefonbuch durch graue Randfahnen am Seitenrand hervorgehoben.

Wenn Sie mit der CD-ROM arbeiten, öffnen Sie zuerst ein neues Textdokument. Wählen Sie anschließend den passenden Text aus der CD-Vorlage aus und kopieren Sie diesen in Ihr leeres Dokument.

Auf diese Weise setzen Sie die Bewertung nach Notenstufen schnell in ein rechtssicheres Arbeitszeugnis um und können es nun dem Mitarbeiter zur Durchsicht aushändigen.

3.1 Einleitung

a)	Herr (Vorname Name), geb. am (Geburtsdatum) in (Geburtsort), war vom (Eintrittsdatum) bis zum (Austrittsdatum) in unserer Unternehmensgruppe als (Tätigkeit) in direkter Unterstellung des Vorstandes tätig.
b)	Herr (Vorname Name), geb. am (Geburtsdatum) in (Geburtsort), trat am (Eintrittsdatum) in unser Unternehmen ein und war bis zum (Austrittsdatum) als (Tätigkeit) tätig.
c)	Herr (Vorname Name), geb. am (Geburtsdatum) in (Geburtsort), war vom (Eintrittsdatum) bis zum (Austrittsdatum) in unserem Unternehmen tätig. Er war als (Tätigkeit) eingesetzt.
d)	Herr (Vorname Name), geboren am (Geburtsdatum) in (Geburtsort), ist vom (Eintrittsdatum) bis zum (Austrittsdatum) in unserem Unternehmen als (Tätigkeit) tätig gewesen.

3.2 Kriterium: Fachwissen und Fachkönnen

3.2.1 Note 1

a)	Herr (Name) verfügt über ein äußerst profundes Fachwissen, welches er stets effektiv und erfolgreich in der Praxis einsetzte.
b)	Herr (Name) überzeugte uns stets durch sein auch in Nebenbereichen ausgezeichnetes Fachwissen, das er zudem immer sicher und gekonnt in der Praxis einsetzte.
c)	Herr (Name) setzt sein Fachwissen von ganz außerordentlicher Tiefe und Breite in seiner täglich anfallenden Arbeit immer sicher und sehr effizient ein.
d)	Herr (Name) verfügt über ein hervorragendes und auch in Randbereichen sehr tief gehendes Fachwissen, welches er in unser Unternehmen stets in höchst Gewinn bringender Weise einbrachte.
e)	Herr (Name) verfügt über umfassende und vielseitige Fachkenntnisse, auch in Randbereichen und setzt sie stets sicher und zielgerichtet in der Praxis ein.
f)	Herr (Name) beherrscht sein Arbeitsgebiet umfassend, kennt sich mit allen Prozessen und Gegebenheiten des Unternehmens bestens aus und setzt sein Fachwissen jederzeit adäquat und sehr ergebnisorientiert im Tagesgeschäft um.

3.2.2 Note 2

a)	Herr (Name) verfügt über ein profundes Fachwissen, welches er effektiv und erfolgreich in der Praxis einsetzt.
b)	Herr (Name) überzeugte uns durch sein sehr gutes Fachwissen, das er zudem sehr sicher und gekonnt in der Praxis einsetzte.
c)	Herr (Name) setzt sein umfassendes Fachwissen in seiner täglich anfallenden Arbeit sehr sicher und effizient ein
d)	Herr (Name) verfügt über ein auch in Randbereichen tief gehendes Fachwissen, welches er in unser Unternehmen in Gewinn bringender Weise einbrachte.
e)	Herr (Name) verfügt über umfassende und vielseitige Fachkenntnisse, die er jederzeit sicher und zielgerichtet in der Praxis einsetzte.
f)	Herr (Name) besitzt ein sehr fundiertes und breites Fachwissen, das sich auch auf Nebenbereiche erstreckt und von ihm jederzeit sicher und ergebnisorientiert in seinem Tagesgeschäft umgesetzt wurde.

3.2.3 Note 3

a)	Herr (Name) verfügt über ein recht weit reichendes Fachwissen, welches er in der Praxis erfolgreich einsetzt.
b)	Herr (Name) fand durch sein Fachwissen und seine überlegte und sichere Art, es in der Praxis einzusetzen, Anerkennung.
c)	Herr (Name) wendet sein tragfähiges Fachwissen in seiner täglich anfallenden Arbeit sicher an.
d)	Herr (Name) verfügt über ein tief gehendes Fachwissen, welches er zum Vorteil unserer Firma einbrachte.
e)	Herr (Name) verfügt über solide Fachkenntnisse, die er sicher in der Praxis einsetzt.
f)	Herr (Name) verfügt über weit gehende Fachkenntnisse, die er folgerichtig in der Praxis anwendet.

3.2.4 Note 4

a)	Herr (Name) verfügt über ein für seinen Arbeitsbereich hinreichendes Fachwissen, welches er häufig in der Praxis einsetzt.
b)	Herr (Name) fand durch sein weit reichendes Grundwissen und seine Fähigkeit, es in der Praxis einzusetzen, in Teilen der Firma Respekt.
c)	Herr (Name) wendet sein Fachwissen in seiner täglich anfallenden Arbeit an.
d)	Herr (Name) verfügt über ein Fachwissen, welches er in unserer Firma einbrachte.
e)	Herr (Name) verfügt über ein solides Grundwissen in seinem Arbeitsbereich und setzt diese Fachkenntnisse auf zufrieden stellende Weise in der Praxis ein.
f)	Herr (Name) verfügt über ein ausreichendes Fachwissen, das er in der Regel sicher anwendet.

3.2.5 Note 5

a)	Herr (Name) war bemüht, sein Fachwissen weiterzuentwickeln und es in der Praxis einzusetzen.
b)	Herr (Name) war bestrebt, seine Fachkenntnisse im Gespräch mit Kollegen zu erweitern.
c)	Herr (Name) mühte sich redlich, seine Kenntnisse bei der täglichen Arbeit umzusetzen.
d)	Herr (Name) verfügt über ausreichende Grundkenntnisse, die er regelmäßig in seiner Arbeit anwendet.
e)	Herr (Name) verfügt über entwicklungsfähige Kenntnisse seines Arbeitsbereichs und setzt diese Fachkenntnisse im Wesentlichen sicher und zielgerichtet in der Praxis ein.
f)	Herr (Name) hatte Gelegenheit, sich die erforderlichen Kenntnisse seines Arbeitsbereichs anzueignen und bemühte sich, diese Fachkenntnisse auf zufrieden stellende Weise in der Praxis einzusetzen.

3.2.6 Note 6

a)	Herr (Name) hatte mehrere Angebote, sein Fachwissen weiterzuentwickeln, und er fand Unterstützung, um seine Kenntnisse in der Praxis zu erproben.
b)	Herr (Name) war bestrebt, seine Kenntnisse im Gespräch mit Kollegen darzulegen.
c)	Herr (Name) mühte sich, seine entwicklungsfähigen Kenntnisse bei der täglichen Arbeit umzusetzen.
d)	Herr (Name) verfügt über ausreichende Grundkenntnisse, die er des Öfteren in seiner Arbeit anwendet.
e)	Herr (Name) arbeitete immer an seinen fachlichen Grundkenntnissen und war um den Einsatz dieser Fachkenntnisse bemüht.
f)	Herr (Name) hatte die Gelegenheit, sich wichtiges fachliches Grundwissen anzueignen und dieses Fachwissen einzusetzen.

3.3 Kriterium: Weiterbildung

3.3.1 Note 1

a)	Zum Nutzen des Unternehmens erweiterte und aktualisierte er immer mit großem Gewinn seine umfassenden Fachkenntnisse durch regelmäßige Teilnahme an Weiterbildungsveranstaltungen.
b)	Besonders hervorheben möchten wir, dass er in eigener Initiative sein Fachwissen immer erfolgreich durch den regelmäßigen Besuch von Weiterbildungsveranstaltungen erweiterte.
c)	Er besuchte regelmäßig und sehr erfolgreich Schulungen und Weiterbildungsveranstaltungen, um seine Stärken weiter auszubauen und seine bereits hervorragenden Fachkenntnisse zu erweitern.
d)	Hervorzuheben ist, dass er regelmäßig an den unterschiedlichsten fachbezogenen Weiterbildungsseminaren erfolgreich teilgenommen hat und immer mit neuen Impulsen seine Arbeit in unserem Unternehmen bereicherte.
e)	Er nutzte immer alle gebotenen Möglichkeiten zur beruflichen Weiterbildung intensiv und sehr erfolgreich.
f)	Er bildete sich stets in eigener Initiative durch den Besuch interner und externer Seminare beruflich weiter und war dabei immer sehr erfolgreich.

3.3.2 Note 2

a)	Er erweiterte und aktualisierte mit großem Gewinn seine guten Fachkenntnisse durch die Teilnahme an Weiterbildungsveranstaltungen zum Nutzen des Unternehmens.
b)	Hervorheben möchten wir, dass er sein Fachwissen mit Erfolg durch den regelmäßigen Besuch von Weiterbildungsveranstaltungen erweiterte.
c)	Er besuchte regelmäßig und erfolgreich Schulungen und Weiterbildungsveranstaltungen, um seine Stärken auszubauen und seine guten Fachkenntnisse zu erweitern.
d)	Hervorzuheben ist, dass er regelmäßig an unterschiedlichen fachbezogenen Weiterbildungsseminaren Gewinn bringend teilgenommen hat.
e)	Er nutzte alle gebotenen Möglichkeiten zur beruflichen Weiterbildung intensiv und erfolgreich.
f)	Er bildete sich stets aus eigener Initiative durch den Besuch interner und externer Seminare beruflich weiter und war dabei sehr erfolgreich.

3.3.3 Note 3

a)	Er erweiterte und aktualisierte mit Gewinn seine Fachkenntnisse durch die Teilnahme an Weiterbildungsveranstaltungen und nutzte so dem Unternehmen.
b)	Sein Fachwissen vertiefte er durch den Besuch von Weiterbildungsseminaren.
c)	Er besuchte Weiterbildungsseminare, um seine Stärken auszubauen und seine Fachkenntnisse zu erweitern.
d)	An fachbezogenen Weiterbildungsveranstaltungen nahm er regelmäßig teil.
e)	Er nutzte die gebotenen Möglichkeiten zur beruflichen Weiterbildung mit Erfolg.
f)	Er bildete sich aus eigener Initiative durch den Besuch interner und externer Seminare beruflich weiter und hatte dabei Erfolg.

3.3.4 Note 4

a)	Er erweiterte seine Kenntnisse durch die Teilnahme an Weiterbildungsveranstaltungen immer im notwendigen Maße.
b)	Er entwickelte sein Grundwissen, indem er fachbezogene Seminare besuchte.
c)	Er besuchte, wenn er eingeladen wurde, Weiterbildungsseminare, wodurch sein Wissen erweitert werden konnte.
d)	Er hat an einem fachbezogenen Weiterbildungsseminar teilgenommen.
e)	Er nutzte verschiedentlich Möglichkeiten zur beruflichen Weiterbildung.
f)	Er bildete sich durch den Besuch interner und externer Seminare beruflich weiter und war dabei teilweise erfolgreich.

3.3.5 Note 5

a)	Es gelang ihm teilweise, seine Kenntnisse durch die Teilnahme an Weiterbildungsveranstaltungen in Maßen zu erweitern.
b)	Er festigte sein Grundwissen, indem er fachbezogene Seminare besuchte.
c)	Er hatte, wenn er eingeladen wurde, Weiterbildungsseminare besucht.
d)	Er hat an einem Seminar zur beruflichen Weiterbildung teilgenommen.
e)	Er hatte Gelegenheit, alle gebotenen Möglichkeiten zur beruflichen Weiterbildung intensiv wahrzunehmen.
f)	Er bildete sich durch den Besuch interner und externer Seminare beruflich weiter und war dabei im Großen und Ganzen erfolgreich.

3.3.6 Note 6

a)	Es gelang ihm teilweise, seine Kenntnisse durch die Teilnahme an Weiterbildungsveranstaltungen zu festigen.
b)	Er war auf dem besten Wege, sein Grundwissen durch fachbezogene Seminare zu festigen.
c)	Er hatte sich bemüht, an der beruflichen Weiterbildung teilzunehmen, zu der er eine Einladung erhalten hatte.
d)	Er hat an einem Seminar zur beruflichen Weiterbildung teilgenommen.
e)	Er hatte die Gelegenheit, alle gebotenen Möglichkeiten zur beruflichen Weiterbildung wahrzunehmen.
f)	Er nahm sich den Besuch interner und externer Seminare zur beruflichen Weiterbildung vor.

3.4 Kriterium: Auffassungsgabe und Problemlösung

3.4.1 Note 1

a)	Aufgrund seiner präzisen Analysefähigkeiten und seiner sehr schnellen Auffassungsgabe fand er hervorragende Lösungen, die er konsequent und erfolgreich in die Praxis umsetzte.
b)	Die Verbindung von äußerst rascher Auffassungsgabe und breit ausgebildeter Methodik ließen ihn auch schwierige Aufgabenstellungen schnell einer klugen und zugleich eleganten Lösung zuführen.
c)	Durch seine äußerst rasche Auffassungsgabe war Herr (Name) sofort in der Lage, neue Entwicklungen zu überschauen und ihre Folgen präzise einzuschätzen.
d)	Durch seine ausgeprägten analytischen Denkfähigkeiten und seine sehr schnelle Auffassungsgabe hat er stets effektive Lösungen entwickelt, die er Gewinn bringend einsetzte.
e)	Dank seiner sehr schnellen Auffassungsgabe überblickte Herr (Name) auch komplexe Zusammenhänge immer sofort und treffsicher.
f)	Seine äußerst schnelle Auffassungsgabe ermöglichte es Herrn (Name), auch schwierigste Situationen sofort zu überblicken und dabei stets das Wesentliche zu erkennen.

3.4.2 Note 2

a)	Aufgrund seiner genauen Analysefähigkeiten und seiner schnellen Auffassungsgabe findet er gute Lösungen, die er konsequent und erfolgreich in die Praxis umsetzt.
b)	Die Verbindung von rascher Auffassungsgabe und gut ausgebildeter Methodik ließen ihn auftretende Probleme schnell einer eleganten Lösung zuführen.
c)	Durch seine gute Auffassungsgabe war Herr (Name) immer in der Lage, neue Entwicklungen zu überschauen und deren Folgen einzuschätzen.
d)	Durch seine geschulten analytischen Denkfähigkeiten und seine schnelle Auffassungsgabe hat er effektive Lösungen gefunden, die wir mit Gewinn einsetzen.
e)	Dank seiner sehr schnellen Auffassungsgabe überblickte Herr (Name) auch komplexe Zusammenhänge sofort.
f)	Seine sehr schnelle Auffassungsgabe ermöglichte es Herrn (Name), auch schwierige Sachverhalte sofort zu überblicken und dabei das Wesentliche zu erkennen.

3.4.3 Note 3

a)	Aufgrund seiner Fähigkeit, Situationen schnell zu erfassen und treffend zu analysieren, hat er immer wieder passende Lösungen in die Praxis umsetzen können.
b)	Die Verbindung von rascher Auffassungsgabe und ausgebildeter Methodik ließen ihn auftretende Fragen einer passenden Lösung zuführen.
c)	Durch seine befriedigende Auffassungsgabe war Herr (Name) in der Lage, neue Entwicklungen zu überschauen und deren Folgen abzuschätzen.
d)	Durch sein geschultes analytisches Denkvermögen und seine schnelle Auffassungsgabe hat er effektive Lösungen gefunden, die wir mit Gewinn einsetzten.
e)	Dank seiner schnellen Auffassungsgabe überblickte Herr (Name) auch komplexere Zusammenhänge.
f)	Seine schnelle Auffassungsgabe ermöglichte es Herrn (Name), auch schwierigere Sachverhalte zu überblicken und dabei das Wesentliche zu erkennen.

3.4.4 Note 4

a)	Aufgrund seiner Fähigkeit, Situationen meist schnell zu erfassen und häufig treffsicher zu analysieren, hat er immer wieder Lösungen anbieten können.
b)	Die Verbindung von rascher Auffassungsgabe mit geübter Methodik ermöglichten es ihm, auftretende Fragen in angemessener Zeit zu lösen.
c)	Durch seine befriedigende Auffassungsgabe war Herr (Name) in der Lage, neue Entwicklungen zu überschauen und deren Folgen einzugrenzen.
d)	Durch den häufigen Einsatz seines analytischen Denkvermögens und seiner meist raschen Auffassungsgabe hat er immer wieder Wege gefunden, die teilweise für Problemlösungen ausschlaggebend waren.
e)	Dank seiner ausreichenden Auffassungsgabe überblickte Herr (Name) auch komplexere Zusammenhänge.
f)	Seine meist schnelle Auffassungsgabe ermöglichte es Herrn (Name), auch schwierigere Sachverhalte zu überblicken und dabei oft das Wesentliche zu erkennen.

3.4.5 Note 5

a)	Aufgrund seiner Fähigkeit, sich Problemen vorsichtig zu nähern und sie auch analytisch anzugehen, konnte er verschiedentlich Lösungen anbieten.
b)	Die Verbindung von rascher Auffassungsgabe mit erprobter Methodik ermöglichten es ihm, auftretende Fragen mit Unterstützung seiner Vorgesetzten zu lösen.
c)	Durch seine ausreichende Auffassungsgabe war Herr (Name) häufiger in der Lage, neue Entwicklungen zu überschauen und deren Folgen einzugrenzen.
d)	Durch den gelegentlichen Einsatz seines analytischen Denkvermögens und seiner meist raschen Auffassungsgabe hat er verschiedentlich Wege gefunden, die teilweise für Problemlösungen wegweisend waren.
e)	Dank seiner zufriedenstellenden Auffassungsgabe überblickte Herr (Name) wesentliche Zusammenhänge.
f)	Seine durchschnittliche Auffassungsgabe ermöglichte es Herrn (Name), auch schwierigere Sachverhalte zu überblikken und dabei mit Unterstützung seiner Vorgesetzten sehr oft das Wesentliche zu erkennen.

3.4.6 Note 6

a)	Aufgrund seiner Bereitschaft, sich mit neuen Arbeitsbereichen zu befassen und sich ihnen auch analytisch zu nähern, hatte er immer Möglichkeiten Lösungen anzubieten.
b)	Das Zusammentreffen von Auffassungsgabe und Methodik ermöglichten es ihm, auftretende Probleme oft rechtzeitig zu erkennen.
c)	Durch seine Auffassungsgabe war Herr (Name) verschiedentlich in der Lage, neue Entwicklungen nachzuvollziehen.
d)	Durch den Einsatz seines analytischen Denkvermögens und seine Versuche Fragestellungen stets rasch aufzufassen, hat er verschiedentlich Wege gefunden, die teilweise für Problemlösungen wegweisend waren.
e)	Dank seiner vorhandenen Auffassungsgabe versuchte Herr (Name) immer, wesentliche Zusammenhänge zu erkennen.
f)	Seine vorhandene Auffassungsgabe ermöglichte es Herrn (Name), sich zu bemühen, auch schwierigere Sachverhalte zu überblicken und dabei mit Unterstützung seiner Vorgesetzten sehr oft das Wesentliche zu erkennen.

3.5 Kriterium: Denk- und Urteilsvermögen

3.5.1 Note 1

a)	Hervorzuheben ist seine hoch entwickelte Fähigkeit, stets konzeptionell und übergreifend zu arbeiten, sowie seine immer präzise Urteilsfähigkeit.
b)	Durch sein konzeptionelles, kreatives und logisches Denken fand er für alle, notwendig auftretenden, Herausforderungen stets ausgezeichnete Lösungen.
c)	Auch in prekären Situationen bewies er eine ganz beachtliche Weitsicht, die es ihm ermöglichte, immer zutreffend und zugleich verantwortungsvoll zu urteilen.
d)	Aufgrund seiner stets ausgezeichneten Denkfähigkeit und seines überaus sicheren Urteilsvermögens meisterte er jede Herausforderung sehr gut.
e)	Durch sein ausgeprägt logisches und analytisches Denkvermögen kam Herr (Name) auch in schwierigen Situationen zu einem eigenständigen, abgewogenen und immer zutreffenden Urteil.
f)	Durch seinen geschärften analytischen Verstand kam Herr (Name) auch angesichts diffiziler Fragestellungen zu einem eigenständigen, abgewogenen und stets zutreffenden Urteil.

3.5.2 Note 2

a)	Hervorzuheben ist seine gut entwickelte Fähigkeit, konzeptionell und übergreifend zu arbeiten, sowie seine präzise Urteilsfähigkeit.
b)	Durch sein konzeptionelles, kreatives und logisches Denken fand er für alle, notwendig auftretenden, Herausforderungen ausgezeichnete Lösungen
c)	Auch in prekären Situationen bewies er eine beachtliche Weitsicht, die es ihm ermöglichte, zutreffend und verantwortungsvoll zu urteilen.
d)	Dank seiner hervorragenden Denkfähigkeit und seiner sicheren Urteilsfähigkeit meisterte er jede Herausforderung gut.
e)	Durch sein logisches und analytisches Denkvermögen kam Herr (Name) auch in schwierigen Situationen zu einem eigenständigen, abgewogenen und immer zutreffenden Urteil.
f)	Durch seinen geschärften analytischen Verstand kam Herr (Name) auch in schwierigen Situationen zu einem eigenständigen, abgewogenen und zutreffenden Urteil.

3.5.3 Note 3

a)	Zu nennen sind außerdem Herrn (Name)s ausgeprägtes und sicheres Urteilsvermögen sowie seine logischen Denkansätze. Daher behielt er auch in unübersichtlichen Situationen die Übersicht und fällte die richtigen Entscheidungen.
b)	Durch sein konzeptionelles, kreatives und logisches Denken fand er für alle, notwendig auftretenden, Herausforderungen stets befriedigende Lösungen.
c)	Er bewies eine beachtliche Weitsicht, die es ihm ermöglichte zutreffend und verantwortungsvoll zu urteilen.
d)	Dank seiner Urteils- und Denkfähigkeit konnte er viele Aufgabenstellungen meistern.
e)	Durch sein logisches und analytisches Denkvermögen kam Herr (Name) auch in schwierigen Situationen zu einem eigenständigen, abgewogenen und zutreffenden Urteil.
f)	Herrn (Name)s fachliche Urteile waren meist zutreffend.

3.5.4 Note 4

a)	Hervorzuheben ist seine sich entwickelnde Fähigkeit, konzeptionell und konstruktiv zu arbeiten, sowie seine Urteilsfähigkeit.
b)	Wenn er seine Fähigkeit konzeptionell, kreativ und logisch zu Denken einsetzte, fand er für auftretende Probleme auch Lösungen.
c)	Er bewies häufig Weitsicht, die es ihm ermöglichte meist zutreffend und verantwortungsvoll zu urteilen.
d)	Dank seiner Urteils- und Denkfähigkeit fand er in manchen Aufgabenstellungen einen Ausweg.
e)	In allen ihm vertrauten Zusammenhängen konnte er sich auf seine Urteilsfähigkeit stützen.
f)	Herrn (Name)s fachliche Urteile waren in wichtigen Fragen zutreffend.

3.5.5 Note 5

a)	Erwähnenswert ist seine Fähigkeit, im Wesentlichen konzeptionell und konstruktiv zu arbeiten.
b)	Immer wieder setzte er seine Fähigkeit, teilweise konzeptionell, kreativ und logisch zu Denken, ein.
c)	Er sah häufig über die Grenzen des ihm Bekannten hinaus, und gelangte so zu neuen Einschätzungen.
d)	Dank seiner Urteils- und Denkfähigkeit konnte er in vielen herausfordernden Situationen bestehen.
e)	In allen ihm vertrauten Zusammenhängen konnte er sich im Wesentlichen auf seine Urteilsfähigkeit stützen.
f)	Herrn (Name)s fachliche Urteile in den wichtigsten Fragen waren in der Regel zutreffend.

3.5.6 Note 6

a)	Erwähnenswert ist seine Fähigkeit, mit Kollegen zusammen konzeptionell und konstruktiv vorzugehen.
b)	Immer setzte er seine Fähigkeit ein, zentrale Aspekte einer Frage konzeptionell, kreativ und logisch anzugehen.
c)	Er sah gelegentlich über die Grenzen des ihm Bekannten hinaus, und gelangte so zu verschiedenen Einschätzungen.
d)	Dank seiner Urteils- und Denkfähigkeit konnte er in vielen herausfordernden Situationen bestehen.
e)	In allen ihm vertrauten Zusammenhängen versuchte er, sich auf seine Urteilsfähigkeit zu stützen.
f)	Herrn (Name)s fachliche Urteile in den wichtigsten Fragen galten nach Rücksprache mit Vorgesetzten oder Kollegen stets als zutreffend.

3.6 Kriterium: Leistungsbereitschaft

3.6.1 Note 1

a)	Herr (Name) ist ein hervorragend engagierter Mitarbeiter, der seine Aufgaben jederzeit mit voller Einsatzbereitschaft erfolgreich erfüllte.
b)	Herr (Name) erledigte seine Aufgaben zu jeder Zeit mit beispielhaftem Engagement und sehr großem persönlichen Einsatz.
c)	Herr (Name) ergreift von sich aus die Initiative und setzt sich mit größter Leistungsbereitschaft für unser Unternehmen und die Zufriedenheit unserer Kunden ein.
d)	Herr (Name) hat mit seinem äußerst hohen Engagement einen sehr guten Beitrag zum Erfolg unserer Produkte geleistet.
e)	Herr (Name) zeigte jederzeit hohe Eigeninitiative und identifizierte sich immer voll mit seinen Aufgaben sowie dem Unternehmen, wobei er auch durch seine große Einsatzfreude überzeugte.
f)	Herr (Name) überzeugte in besonderem Maße durch seinen ausgezeichneten Leistungswillen und seine stetige Bereitschaft, auch zusätzliche Verantwortung zu übernehmen.

3.6.2 Note 2

a)	Herr (Name) ist ein engagierter Mitarbeiter, der seine Aufgaben jederzeit mit vollem Einsatz erfolgreich durchführte.
b)	Herr (Name) erledigte seine Aufgaben mit großem Engagement und persönlichem Einsatz.
c)	Herr (Name) ergreift von sich aus die Initiative und setzt sich mit großer Einsatzbereitschaft für unser Unternehmen und die Zufriedenheit unserer Kunden ein.
d)	Herr (Name) hat mit seinem hohen Engagement einen guten Beitrag zum Erfolg unserer Produkte geleistet.
e)	Herr (Name) zeigte eine hohe Eigeninitiative und identifizierte sich voll mit seinen Aufgaben sowie dem Unternehmen, wobei er auch durch seine große Einsatzfreude überzeugte.
f)	Herr (Name) überzeugte durch seinen hohen Leistungswillen und seine stetige Bereitschaft, auch zusätzliche Verantwortung zu übernehmen.

3.6.3 Note 3

a)	Herr (Name) ist ein engagierter Mitarbeiter, der seine Aufgaben mit vollem Einsatz durchführte.
b)	Herr (Name) erledigte seine Aufgaben mit durchschnittlichem Engagement und persönlichem Einsatz.
c)	Herr (Name) ergreift selbst die Initiative und zeigt große Einsatzbereitschaft für unser Unternehmen und die Zufriedenheit unserer Kunden.
d)	Herr (Name) hat mit bedeutendem Einsatzwillen immer wieder gute Beiträge zum Erfolg unserer Produkte geleistet.
e)	Herr (Name) zeigte Eigeninitiative und identifizierte sich mit seinen Aufgaben sowie dem Unternehmen, wobei er auch durch seine Einsatzfreude überzeugte.
f)	Herr (Name) überzeugte durch seinen Leistungswillen und seine Bereitschaft, auch zusätzliche Verantwortung zu übernehmen.

3.6.4 Note 4

a)	Herr (Name) ist ein grundsätzlich engagierter Mitarbeiter, der bei der Durchführung seiner Aufgaben Leistungsbereitschaft erkennen ließ.
b)	Herr (Name) erledigte seine Aufgaben und zeigte dabei Engagement und persönlichen Einsatz.
c)	Herr (Name) ergreift die Initiative und zeigt durchaus Einsatzbereitschaft für unser Unternehmen und unsere Kunden.
d)	Herr (Name) hat mit Einsatzwillen immer wieder Beiträge zum Erfolg unserer Produkte geleistet.
e)	Herr (Name) zeigte Eigeninitiative und identifizierte sich mit seinen Aufgaben sowie dem Unternehmen, wobei er auch bezüglich seiner Einsatzfreude unsere Erwartungen weitgehend erfüllen konnte.
f)	Herr (Name) traf bezüglich seines Leistungswillens und seiner Bereitschaft, auch zusätzliche Verantwortung zu übernehmen, unsere Erwartungen.

3.6.5 Note 5

a)	Herr (Name) ist ein zumeist engagierter Mitarbeiter, der seine Aufgaben mit großer Bereitschaft, viel zu leisten, durchführte.
b)	Herr (Name) erledigte im Wesentlichen seine Aufgaben und zeigte dabei oft Engagement und persönlichen Einsatz.
c)	Herr (Name) konnte auch aus eigener Initiative Einsatzbereitschaft für unser Unternehmen und unsere Kunden entwickeln.
d)	Herr (Name) hat häufig mit großem Einsatz Beiträge zum Erfolg unserer Produkte erbracht.
e)	Herr (Name) zeigte im Großen und Ganzen genügend Eigeninitiative und identifizierte sich mit seinen Aufgaben sowie dem Unternehmen, wobei er auch bezüglich seiner Einsatzfreude unsere Erwartungen im Wesentlichen erfüllen konnte.
f)	Herr (Name) traf bezüglich seines Leistungswillen und seiner Bereitschaft, auch zusätzliche Verantwortung zu übernehmen, im Großen und Ganzen unsere Erwartungen.

3.6.6 Note 6

a)	Herr (Name) war stets darauf bedacht, seine Aufgaben mit großem Engagement durchzuführen.
b)	Herr (Name) erledigte im Wesentlichen seine Aufgaben mit Unterstützung seines Vorgesetzten und zeigte dabei auch Engagement und persönlichen Einsatz.
c)	Herr (Name) hat Absprachen über seine Einsatzbereitschaft häufig gegenüber unserer Firma und unseren Kunden eingehalten.
d)	Herr (Name) hat häufig seinen Willen gezeigt, Beiträge zum Erfolg unserer Produkte zu erbringen.
e)	Herr (Name) bemühte sich im Großen und Ganzen um Eigeninitiative und identifizierte sich mit seinen Aufgaben sowie dem Unternehmen, wobei er auch bezüglich seiner Einsatzfreude unsere Erwartungen im Großen und Ganzen erfüllen konnte.
f)	Herr (Name) versuchte immer, mit seinem Leistungswillen und seiner Bereitschaft, auch zusätzliche Verantwortung zu übernehmen und unsere Erwartungen zu erfüllen.

3.7 Kriterium: Belastbarkeit

3.7.1 Note 1

a)	Auch in Stresssituationen erzielte er sehr gute Leistungen in qualitativer und quantitativer Hinsicht und war auch stärkstem Arbeitsanfall immer gewachsen.
b)	Auch stärkstem Arbeitsanfall war er jederzeit gewachsen.
c)	Er war ein äußerst belastbarer Mitarbeiter, der die hohen Anforderungen seiner wichtigen Position auch unter schwierigen Umständen und hohem Termindruck stets sehr gut meisterte.
d)	Auch unter schwierigsten Arbeitsbedingungen bewältigte er alle Aufgaben in hervorragender Weise.
e)	Auch unter schwierigsten Arbeitsbedingungen und stärkster Belastung erfüllte er unsere Erwartungen in bester Weise.
f)	Auch unter stärkster Belastung behielt er die Übersicht, handelte überlegt und bewältigte alle Aufgaben in hervorragender Weise.

3.7.2 Note 2

a)	Auch unter starker Belastung behielt er die Übersicht, handelte überlegt und bewältigte alle Aufgaben in guter Weise.
b)	Auch starkem Arbeitsanfall war er jederzeit gewachsen.
c)	Er war immer ein belastbarer Mitarbeiter, seine Arbeitsqualität war auch bei wechselnden Anforderungen immer gut.
d)	Auch unter schwierigen Arbeitsbedingungen bewältigte er alle Aufgaben in guter Weise.
e)	Auch unter schwierigen Arbeitsbedingungen und starker Belastung erfüllte er unsere Erwartungen in guter Weise.
f)	Auch unter starker Belastung erfüllte er unsere Erwartungen in guter Weise.

3.7.3 Note 3

a)	Auch starkem Arbeitsanfall war er gewachsen.
b)	Er war immer belastbar.
c)	Auch unter schwierigen Arbeitsbedingungen und starker Belastung erfüllte er unsere Erwartungen stets in zufrieden stellender Weise.
d)	Auch unter starker Belastung behielt er die Übersicht, handelte überlegt und bewältigte alle Aufgaben in zufrieden stellender Weise.
e)	Er zeigte sich auch bei der Bewältigung neuer Aufgabenbereiche flexibel und aufgeschlossen.
f)	Er war immer ein belastbarer Mitarbeiter, seine Arbeitsqualität war auch bei wechselnden Anforderungen immer zufrieden stellend.

3.7.4 Note 4

a)	Dem üblichen Arbeitsanfall war er gewachsen.
b)	Er war belastbar.
c)	Auch unter erschwerten Arbeitsbedingungen und starker Belastung erfüllte er unsere Erwartungen in meist zufrieden stellender Weise.
d)	Auch unter starker Belastung behielt er die Übersicht, handelte überlegt und bewältigte die wesentlichen Aufgaben in zufrieden stellender Weise.
e)	Er passte sich neuen, belastenden Arbeitssituationen an.
f)	Auch unter schwierigen Arbeitsbedingungen und starker Belastung erfüllte er unsere Erwartungen im Wesentlichen in zufrieden stellender Weise.

3.7.5 Note 5

a)	Er war stets bemüht, den üblichen Arbeitsanfall zu bewältigen.
b)	Er zeigte sich den wesentlichen Anforderungen gewachsen.
c)	Auch unter erschwerten Arbeitsbedingungen und starker Belastung erfüllte er unsere Erwartungen im Großen und Ganzen in zufrieden stellender Weise.
d)	Auch unter starker Belastung behielt er meistens die Übersicht, handelte überlegt und bewältigte die wesentlichen Aufgaben in zufrieden stellender Weise.
e)	Er hielt sich auch bei starkem Arbeitsanfall im Großen und Ganzen an zeitliche Vorgaben.
f)	Er passte sich den Arbeitssituationen meist ohne Schwierigkeiten an.

3.7.6 Note 6

a)	Er war bemüht, den üblichen Arbeitsanfall zu bewältigen.
b)	Er zeigte sich den wesentlichen Anforderungen größtenteils gewachsen.
c)	Auch unter erschwerten Arbeitsbedingungen und starker Belastung bemühte er sich, unsere Erwartungen im Großen und Ganzen zu erfüllen.
d)	Auch unter starker Belastung versuchte er meistens, die Übersicht zu behalten, überlegt zu handeln und die wesentlichen Aufgaben zu bewältigen.
e)	Er war bestrebt, sich den Arbeitssituationen anzupassen.
f)	Auch bei starkem Arbeitsanfall war er bemüht, gute Arbeitsergebnisse zu erzielen.

3.8 Kriterium: Arbeitsweise

3.8.1 Note 1

a)	Stets arbeitete Herr (Name) äußerst umsichtig, sehr gewissenhaft und genau.
b)	Jederzeit war das Vorgehen von Herrn (Name) sehr gut geplant, äußerst zügig und ergebnisorientiert.
c)	Immer arbeitete Herr (Name) äußerst zügig, ergebnisorientiert und präzise.
d)	In allen Situationen agierte Herr (Name) außerordentlich verantwortungsbewusst, zielorientiert und gewissenhaft.
e)	Herr (Name) war jederzeit hoch motiviert und identifizierte sich stets voll mit seinen Aufgaben und dem Unternehmen.
f)	Herr (Name) war ein äußerst engagierter Mitarbeiter, der alle Aufgaben selbstständig, zielgerichtet und sorgfältig ausführte.

3.8.2 Note 2

a)	Stets arbeitete Herr (Name) sehr umsichtig, gewissenhaft und genau.
b)	Jederzeit war das Vorgehen von Herrn (Name) gut geplant, zügig und ergebnisorientiert.
c)	Immer ging Herr (Name) sehr zügig vor, dabei äußerst ergebnisorientiert und präzise.
d)	In allen Situationen agierte Herr (Name) sehr verantwortungsbewusst, zielorientiert und gewissenhaft.
e)	Herr (Name) erledigte seine Aufgaben sehr ordentlich, schnell und gewissenhaft.
f)	Herr (Name) plante seine Arbeitsprozesse immer sorgfältig und verantwortungsbewusst.

3.8.3 Note 3

a)	Jederzeit arbeitete Herr (Name) umsichtig, gewissenhaft und genau.
b)	Jederzeit war das Vorgehen von Herrn (Name) planvoll, systematisch und ergebnisorientiert.
c)	Immer ging Herr (Name) zügig und dabei ergebnisorientiert und präzise vor.
d)	Jederzeit agierte Herr (Name) verantwortungsbewusst, zielorientiert und gewissenhaft.
e)	Herr (Name) zeigte bei seiner Arbeit Initiative und Einsatzbereitschaft.
f)	Herr (Name) erledigte seine Aufgaben stets sorgfältig und genau.

3.8.4 Note 4

a)	Grundsätzlich arbeitete Herr (Name) umsichtig, gewissenhaft und genau.
b)	Im Allgemeinen ging Herr (Name) planvoll, systematisch und ergebnisorientiert vor.
c)	Prinzipiell war das Vorgehen von Herrn (Name) zügig, ergebnisorientiert und präzise.
d)	Generell agierte Herr (Name) verantwortungsbewusst, zielorientiert und gewissenhaft.
e)	Herr (Name) bewältigte grundsätzlich seine Aufgaben mit Sorgfalt und Genauigkeit.
f)	Herr (Name) hat den Anforderungen an Leistungsbereitschaft und Eigeninitiative entsprochen.

3.8.5 Note 5

a)	In den meisten Fällen arbeitete Herr (Name) umsichtig, gewissenhaft und genau.
b)	Vorwiegend ging Herr (Name) planvoll, systematisch und ergebnisorientiert vor.
c)	Größtenteils war das Vorgehen von Herrn (Name) zügig, ergebnisorientiert und präzise.
d)	Meistens agierte Herr (Name) im Großen und Ganzen verantwortungsbewusst, zielorientiert und gewissenhaft.
e)	Herr (Name) erledigte die ihm anvertrauten Aufgaben zumeist sorgfältig und genau.
f)	Herr (Name) hat den Anforderungen an Leistungsbereitschaft und Eigeninitiative im Wesentlichen entsprochen.

3.8.6 Note 6

a)	Stets bemühte sich Herr (Name), umsichtig, gewissenhaft und genau zu arbeiten.
b)	Immer versuchte Herr (Name) planvoll, systematisch und ergebnisorientiert vorzugehen.
c)	Jederzeit war Herr (Name) bestrebt, zügig, ergebnisorientiert und präzise zu arbeiten.
d)	Im Großen und Ganzen versuchte Herr (Name) verantwortungsbewusst, zielorientiert und gewissenhaft vorzugehen.
e)	Herr (Name) war zumeist in der Lage, seine Aufgaben mit Engagement und Eigeninitiative zu erfüllen.
f)	Herr (Name) bemühte sich oft, den Anforderungen an Leistungsbereitschaft und Selbstständigkeit zu entsprechen.

3.9 Kriterium: Zuverlässigkeit

3.9.1 Note 1

a)	Vertrauenswürdigkeit und absolute Zuverlässigkeit zeichneten seinen Arbeitsstil jederzeit aus.
b)	Er zeichnete sich stets durch seine außerordentliche Verlässlichkeit aus.
c)	Er arbeitete jederzeit äußerst zuverlässig und sehr genau.
d)	Er überzeugte stets durch seine sehr hohe Zuverlässigkeit.
e)	Er war in ganz besonders hohem Maße zuverlässig.
f)	Seine Arbeitsweise war stets geprägt von großem Pflichtbewusstsein und hoher Zuverlässigkeit.

3.9.2 Note 2

a)	Vertrauenswürdigkeit und Zuverlässigkeit zeichneten seinen Arbeitsstil aus.
b)	Er arbeitete stets zuverlässig und sehr genau.
c)	Er überzeugte stets durch seine hohe Zuverlässigkeit.
d)	Er war in besonderem Maße zuverlässig.
e)	Er zeichnete sich stets durch große Verlässlichkeit aus.
f)	Wir schätzten ihn stets als zuverlässigen, pflichtbewussten und ehrlichen Mitarbeiter.

3.9.3 Note 3

a)	Er arbeitete zuverlässig und genau.
b)	Er überzeugte durch seine hohe Zuverlässigkeit.
c)	Er war stets verlässlich.
d)	Er zeichnete sich durch seine hohe Verlässlichkeit aus.
e)	Er verfügte über eine gute Arbeitsbefähigung, die er zuverlässig und zügig umsetzte.
f)	Er arbeitete mit großer Zuverlässigkeit und Genauigkeit.

3.9.4 Note 4

a)	Er erwies sich in entscheidenden Situationen als zuverlässig.
b)	Er konnte durch seine Zuverlässigkeit in entscheidenden Situationen überzeugen.
c)	Er war verlässlich.
d)	Er zeichnete sich durch seine Zuverlässigkeit in einigen wichtigen Situationen aus.
e)	Er bearbeitete die wichtigsten Aufgaben mit großer Zuverlässigkeit und Sorgfältigkeit.
f)	Sein Arbeitsstil zeichnete sich bei der Bewältigung aller wesentlichen Aufgaben durch hohe Zuverlässigkeit aus.

3.9.5 Note 5

a)	Er erwies sich in den entscheidenden Situationen im Großen und Ganzen als zuverlässig.
b)	Er konnte durch seine hohe Zuverlässigkeit in den entscheidenden Situationen im Großen und Ganzen überzeugen.
c)	Er war in den meisten Fällen verlässlich.
d)	Er zeichnete sich durch seine Verlässlichkeit in einigen Situationen aus.
e)	Er bewältigte die entscheidenden Aufgabengebiete in der Regel zuverlässig.
f)	Er arbeitete grundsätzlich zuverlässig.

3.9.6 Note 6

a)	Er bemühte sich stets, zuverlässig zu sein.
b)	Er war um ein zuverlässiges Vorgehen immer sehr bemüht.
c)	Er zeigte sich stets bereit, zuverlässige Arbeit zu akzeptieren.
d)	Er versuchte immer, unseren Anforderungen in Bezug auf die erwartete Zuverlässigkeit gerecht zu werden.
e)	Er bemühte sich stets, seine Aufgaben sorgfältig zu erfüllen.
f)	Er arbeitete in der Regel sorgfältig und oft gewissenhaft.

3.10 Kriterium: Arbeitsergebnis

3.10.1 Note 1

a)	Selbst für schwierigste Herausforderungen fand und realisierte er sehr effektive Lösungen und kam immer zu ausgezeichneten Arbeitsergebnissen.
b)	Auch für schwierigste Herausforderungen fand Herr (Name) sehr effektive Lösungen, die er jederzeit erfolgreich in die Praxis umsetzte, wodurch er sehr gute Resultate erzielte.
c)	In allen Situationen erzielte Herr (Name) ausgezeichnete Arbeitsergebnisse.
d)	Auch für unvorhergesehene Hindernisse und Herausforderungen fand Herr (Name) sehr wirksame Lösungsansätze, die er stets erfolgreich in die Praxis umsetzte.
e)	Die Qualität seiner Arbeitsergebnisse lag auch bei schwierigen Arbeiten, bei objektiv notwendiger Häufung von Herausforderungen sowie bei Termindruck stets sehr weit über unseren Anforderungen.
f)	Herr (Name) fand stets sehr gute und praktikable Lösungen, die er erfolgreich in der Praxis einsetzte und die den Wert des Unternehmens maßgeblich steigerten.

3.10.2 Note 2

a)	Selbst für schwierige Herausforderungen fand und realisierte er sehr effektive Lösungen, und er kam immer zu guten Arbeitsergebnissen.
b)	Auch für schwierige Herausforderungen fand Herr (Name) sehr effektive Lösungen, die er erfolgreich in die Praxis umsetzte, wodurch er stets gute Resultate erzielte.
c)	In allen Situationen erzielte Herr (Name) gute Arbeitsergebnisse.
d)	Auch für unvorhergesehene Hindernisse und Herausforderungen fand Herr (Name) wirksame Lösungsansätze, die er stets erfolgreich in die Praxis umsetzte.
e)	Herr (Name) behielt stets die Umsetzung in die Praxis im Auge, so dass wir schnellstmöglich von den jeweiligen Maßnahmen profitierten.
f)	Herr (Name) erzielte bei seiner Arbeit immer gute Lösungen.

3.10.3 Note 3

a)	Für schwierige Herausforderungen fand und realisierte Herr (Name) brauchbare Lösungen und kam stets zu zufrieden stellenden Arbeitsergebnissen.
b)	Auch für schwierige Herausforderungen fand Herr (Name) effektive Lösungen, die er erfolgreich in die Praxis umsetzte, wodurch er sehr solide Resultate erzielte.
c)	In allen Situationen erzielte Herr (Name) zufrieden stellende Arbeitsergebnisse.
d)	Auch für unvorhergesehene Herausforderungen fand Herr (Name) zufrieden stellende Lösungsansätze, die er erfolgreich in die Praxis umsetzte.
e)	Herr (Name) erkannte das Wesentliche und zeigte schnell für alle Beteiligten zufrieden stellende Lösungen auf, die er stets in die Praxis umsetzte.
f)	Die Arbeitsqualität von Herrn (Name) war gut, wobei er die Planungsziele erreichte.

3.10.4 Note 4

a)	Auch für viele schwierige Problemstellungen fand und realisierte Herr (Name) Lösungen und kam so zu weitestgehend zufrieden stellenden Arbeitsergebnissen.
b)	Auch für viele schwierige Problemstellungen fand Herr (Name) Lösungen, die er in die Praxis umsetzte, wodurch er solide Resultate erzielte.
c)	In den meisten Situationen erzielte Herr (Name) zufrieden stellende Arbeitsergebnisse.
d)	Auch für unvorhergesehene Probleme fand Herr (Name) Lösungsansätze, die er in der Regel in die Praxis umsetzen konnte.
e)	Herrn (Name)s Arbeitsqualität entsprach unseren Anforderungen.
f)	In den meisten Situationen war die Arbeit von Herrn (Name) von zufrieden stellender Qualität.

3.10.5 Note 5

a)	Für einfache Problemstellungen fand und realisierte Herr (Name) Lösungen, und er kam im Großen und Ganzen zu brauchbaren Arbeitsergebnissen.
b)	Für einfache Problemstellungen fand Herr (Name) Lösungen, die er oft auch in die Praxis umsetzte, wodurch er im Großen und Ganzen solide Resultate erzielte.
c)	In den meisten Situationen erzielte Herr (Name) im Großen und Ganzen solide Arbeitsergebnisse.
d)	Auch bei unvorhergesehenen Problemen arbeitete Herr (Name) an Lösungsansätzen, die wir in die Praxis umsetzten konnten.
e)	Herrn (Name)s Arbeitsqualität entsprach im Großen und Ganzen unseren Anforderungen.
f)	Herr (Name) bemühte sich, seine Fachkenntnisse auf zufrieden stellende Weise in der Praxis einzusetzen.

3.10.6 Note 6

a)	Für einfache Problemstellungen suchte Herr (Name) Lösungen, so dass er im Großen und Ganzen zu brauchbaren Arbeitsergebnissen kam.
b)	Für einfache Problemstellungen suchte Herr (Name) Lösungen, deren Umsetzung in die Praxis er anstrebte, wodurch er im Großen und Ganzen Resultate im Rahmen unserer Erwartungen erzielte.
c)	In den meisten Situationen bemühte sich Herr (Name) um solide Arbeitsergebnisse.
d)	Auch bei unvorhergesehenen Problemen arbeitete Herr (Name) an Lösungsansätzen, deren Umsetzung in die Praxis er anstrebte.
e)	Herrn (Name)s Arbeitsqualität entsprach meistens unseren Anforderungen.
f)	Herr (Name) bemühte sich, seine Fachkenntnisse in der Praxis einzusetzen.

3.11 Kriterium: Führungsfähigkeit

3.11.1 Note 1

a)	Seine Mitarbeiterinnen und Mitarbeiter motivierte und überzeugte er durch einen kooperativen Führungsstil. Herr (Name) war als Vorgesetzter jederzeit voll anerkannt, wobei sein Team unsere hohen Erwartungen nicht nur erfüllte, sondern oftmals sogar übertraf.
b)	Aufgrund seines kooperativen Führungsstils wurde Herr (Name) von seinen Mitarbeiterinnen und Mitarbeitern, die unter seiner Anleitung jederzeit hervorragende Leistungen erzielten, stets sehr anerkannt und respektiert.
c)	Er motivierte und überzeugte seine Mitarbeiterinnen und Mitarbeiter durch einen kooperativen Führungsstil. Herr (Name) war als Vorgesetzter jederzeit voll anerkannt, wobei er mit seinem Team unsere hohen Erwartungen stets erfüllte.
d)	Er überzeugte seine Mitarbeiterinnen und Mitarbeiter nachhaltig und förderte stets die reibungslose Zusammenarbeit. Herr (Name) informierte sein Team, regte Weiterbildungsmaßnahmen an, delegierte Aufgaben und Verantwortung sinnvoll und erreichte so ein außerordentlich hohes Abteilungsergebnis.
e)	Er motivierte sein Team durch einen straffen Führungsstil zu anhaltend sehr guten Ergebnissen, wobei er als Vorgesetzter jederzeit und allseits sehr anerkannt wurde.
f)	Herr (Name) führte sein Team durch sein Vorbild an Tatkraft und mit Hilfe seines kooperativen Führungsstils stets zu sehr guten Leistungen.

3.11.2 Note 2

a)	Von seinen Mitarbeiterinnen und Mitarbeitern wurde er anerkannt und geschätzt, wobei er sie entsprechend ihrer Fähigkeiten einsetzte und mit ihnen gute Ergebnisse erzielte.
b)	Sein Team erreichte unter seiner sach- und personenbezogenen Anleitung jederzeit gute Ergebnisse. Bei Vorgesetzten wie Mitarbeiterinnen und Mitarbeitern fanden seine Führungsqualitäten volle Anerkennung.
c)	Er überzeugte seine Mitarbeiterinnen und Mitarbeiter und förderte die Zusammenarbeit. Herr (Name) informierte sein Team, regte Weiterbildungsmaßnahmen an, delegierte Aufgaben und Verantwortung sinnvoll und erreichte so ein hohes Abteilungsergebnis.
d)	Er motivierte sein Team zu guten Ergebnissen, wobei er als Vorgesetzter jederzeit sehr respektiert wurde.
e)	Sein Team erreichte unter seiner sach- und personenbezogenen Anleitung stets gute Ergebnisse. Bei Vorgesetzten wie Mitarbeitern fanden seine Führungsqualitäten volle Anerkennung.
f)	Herr (Name) motivierte und führte seine Mitarbeiterinnen und Mitarbeiter stets zu guten Leistungen.

3.11.3 Note 3

a)	Seine Mitarbeiterinnen und Mitarbeiter führte er zielbewusst zu überdurchschnittlichen Leistungen.
b)	Er war jederzeit in der Lage, seine Mitarbeiterinnen und Mitarbeiter zu motivieren und zu sehr soliden Ergebnissen zu führen.
c)	Er pflegte einen kooperativen Führungsstil und erzielte mit seinem Team sehr zufrieden stellende Ergebnisse.
d)	Er war als Vorgesetzter anerkannt und führte sein Team sach- und personenbezogen zu stets zufrieden stellenden Leistungen.
e)	Herr (Name) verstand es, seine Mitarbeiterinnen und Mitarbeiter entsprechend ihren Fähigkeiten einzusetzen und sie zu motivieren.
f)	Herr (Name) verstand es, seine Mitarbeiter zu motivieren, und förderte aktiv die Zusammenarbeit. Er informierte die Mitarbeiter umfassend und delegierte Aufgaben und Verantwortung.

3.11.4 Note 4

a)	Er war in der Lage, seine Mitarbeiterinnen und Mitarbeiter sachgerecht anzuleiten.
b)	Er motivierte seine Mitarbeiterinnen und Mitarbeiter und erreichte so befriedigende Leistungen.
c)	Er motivierte seine Mitarbeiterinnen und Mitarbeiter zu zufrieden stellenden Leistungen.
d)	Bei Bedarf leitete er seine Mitarbeiterinnen und Mitarbeiter fachlich an und führte sie zu soliden Ergebnissen.
e)	Er verstand es, seine Mitarbeiterinnen und Mitarbeiter entsprechend ihren Fähigkeiten ordnungsgemäß einzusetzen und sie sachgerecht zu motivieren.
f)	Herr (Name) war aufgrund seines kooperativen Führungsstils in der Lage, seine Mitarbeiterinnen und Mitarbeiter sachgerecht anzuleiten und sie ordnungsgemäß zu führen.

3.11.5 Note 5

a)	Seinen Mitarbeiterinnen und Mitarbeitern war er ein verständnisvoller Vorgesetzter.
b)	Er wurde von seinen Mitarbeiterinnen und Mitarbeitern anerkannt und bewältigte im Wesentlichen die seiner Abteilung vorgegeben Ziele.
c)	Er war als Vorgesetzter anerkannt und führte sein Team im Großen und Ganzen zu zufrieden stellenden Leistungen.
d)	Er war seinem Team ein verständnisvoller, angenehmer und sehr entgegenkommender Vorgesetzter.
e)	Er war in der Lage, seinen Mitarbeiterinnen und Mitarbeitern die in seiner Abteilung vorgegebenen Ziele im Wesentlichen zu vermitteln und sie bei der Umsetzung der Ziele sachgerecht anzuleiten.
f)	Er war aufgrund seines kooperativen Führungsstils in der Lage, seine Mitarbeiterinnen und Mitarbeiter zur Bewältigung der wesentlichen Unternehmensziele zu motivieren.

3.11.6 Note 6

a)	Er bemühte sich stets um die Anerkennung seitens seiner Mitarbeiterinnen und Mitarbeiter.
b)	Er war stets bestrebt, sein Team zu den von uns erwarteten Leistungen zu führen.
c)	Er konnte sein Team in den meisten Fällen motivieren und war bestrebt, jeden Mitarbeiter zu guten Leistungen zu führen.
d)	Er versuchte immer, seinen Mitarbeitern ein verständnisvoller und angenehmer Vorgesetzter zu sein.
e)	Er kontrollierte die Arbeitsweise seiner Mitarbeiterinnen und Mitarbeiter im Wesentlichen zutreffend.
f)	Er bemühte sich, seine Mitarbeiterinnen und Mitarbeiter zu rationellem Arbeiten anzuleiten.

3.12 Kriterium: Zusammenfassende Leistungsbeurteilung

3.12.1 Note 1

a)	Er hat die ihm übertragenen Aufgaben stets zur unserer vollsten Zufriedenheit erfüllt.
b)	Herr (Name) hat unsere sehr hohen Erwartungen stets in allerbester Weise erfüllt und teilweise sogar übertroffen.
c)	Herr (Name) hat alle Aufgaben stets zur vollsten Zufriedenheit erfüllt.
d)	Wir waren mit den Leistungen von Herrn (Name) stets und in jeder Hinsicht sehr zufrieden.
e)	Die Leistungen von Herrn (Name) haben stets und in jeder Hinsicht unsere volle Anerkennung gefunden.
f)	Wir waren mit den Leistungen von Herrn (Name) stets außerordentlich zufrieden.

3.12.2 Note 2

a)	Er hat die ihm übertragenen Aufgaben stets zur unserer vollen Zufriedenheit erfüllt.
b)	Wir waren mit den Leistungen von Herrn (Name) jederzeit sehr zufrieden.
c)	Herr (Name) hat alle Arbeiten stets zu unserer uneingeschränkten vollen Zufriedenheit erfüllt.
d)	Seine Leistungen haben immer unsere volle Anerkennung gefunden.
e)	Herr (Name) hat unsere hohen Erwartungen in bester Weise erfüllt.
f)	Herr (Name) hat alle Aufgaben stets zu unserer vollen Zufriedenheit erfüllt.

3.12.3 Note 3

a)	Er hat die ihm übertragenen Aufgaben jederzeit zu unserer Zufriedenheit bewältigt.
b)	Herr (Name) hat unseren Erwartungen stets in zufrieden stellender Weise entsprochen.
c)	Die Leistungen von Herrn (Name) waren voll zufrieden stellend.
d)	Die ihm übertragenen Aufgaben erledigte er stets zu unserer Zufriedenheit.
e)	Herr (Name) hat die ihm übertragenen Aufgaben stets zu unserer Zufriedenheit bewältigt.
f)	Wir waren jederzeit mit den Leistungen von Herrn (Name) zufrieden.

3.12.4 Note 4

a)	Er hat die ihm übertragenen Aufgaben zu unserer Zufriedenheit erledigt.
b)	Mit Herrn (Name)s Leistungen waren wir zufrieden.
c)	Herr (Name) hat unseren Erwartungen entsprochen.
d)	Herrn (Name)s Leistungen werden zusammengefasst als ausreichend bewertet.
e)	Herr (Name) hat seine Aufgaben zufrieden stellend bewältigt.
f)	Herrn (Name)s Leistungen haben unseren Erwartungen entsprochen.

3.12.5 Note 5

a)	Herr (Name) hat die ihm übertragenen Aufgaben im Großen und Ganzen zu unserer Zufriedenheit erledigt.
b)	Herr (Name) hat die ihm übertragenen Aufgaben überwiegend zu unserer Zufriedenheit erledigt.
c)	Herr (Name) hat unsere Erwartungen im Wesentlichen erfüllt.
d)	Herr (Name) führte die ihm übertragenen Aufgaben mit Fleiß und Interesse durch.
e)	Herr (Name) war stets bemüht, die Arbeiten zu unserer vollen Zufriedenheit zu erledigen.
f)	Herr (Name)s Leistungen haben unseren Erwartungen in etwa entsprochen.

3.12.6 Note 6

a)	Herr (Name) zeigte für seine Arbeit großes Verständnis und Interesse.
b)	Herr (Name) hat sich bemüht, den Anforderungen gerecht zu werden.
c)	Neue Aufgaben betrachtete Herr (Name) stets als Herausforderung, der er sich mutig stellte.
d)	Herr (Name) versuchte immer mit großem Eifer unsere Erwartungen zu erfüllen.
e)	Herr (Name) hat seine Aufgaben zu unserer Zufriedenheit zu erledigen versucht.
f)	Herr (Name) zeigte für seine Aufgabengebiete Verständnis und Interesse.

3.13 Kriterium: Persönliche Führung

3.13.1 Note 1

a)	Wegen seines allzeit sicheren, dabei frischen und verbindlichen Auftretens war Herr (Name) ein allseits sehr geschätzter Ansprechpartner. Sein Verhalten zu Vorgesetzten, Mitarbeitern und Kunden war immer vorbildlich.
b)	Mit allen Ansprechpartnern kam Herr (Name) sehr gut zurecht und begegnete ihnen immer mit seiner freundlichen, kooperativen und zuvorkommenden Art. Sein Verhalten gegenüber Vorgesetzten, Kollegen und Externen war jederzeit vorbildlich.
c)	Wegen seines stets freundlichen und ausgeglichenen Wesens wurde Herr (Name) allseits sehr geschätzt, wobei er stets aktiv die gute Zusammenarbeit und leistungsgerechte Teamatmosphäre förderte. Das Verhalten von Herrn (Name) war immer vorbildlich.
d)	Jederzeit trat Herr (Name) sehr natürlich, höflich und verbindlich auf, wodurch er jederzeit aktiv die gute Zusammenarbeit und Teamatmosphäre förderte. Sein Verhalten zu Vorgesetzten, Mitarbeitern und Kunden war stets vorbildlich.
e)	Herrn (Name)s Verhalten zu Vorgesetzten, Mitarbeitern und Kunden war stets vorbildlich und loyal.
f)	Das Verhalten von Herrn (Name) war immer vorbildlich. Bei Vorgesetzten, Kollegen und Kunden war er sehr geschätzt. Herr (Name) förderte aktiv die Zusammenarbeit, übte und akzeptierte sachliche Kritik, war stets hilfsbereit und stellte, falls erforderlich, auch persönliche Interessen zurück.

3.13.2 Note 2

a)	Wegen seines sicheren, dabei frischen und verbindlichen Auftretens war Herr (Name) ein allseits geschätzter Ansprechpartner. Sein Verhalten war vorbildlich.
b)	Mit allen Ansprechpartnern kam Herr (Name) gut zurecht und begegnete ihnen stets mit seiner freundlichen, offenen und zuvorkommenden Art. Sein Verhalten gegenüber Vorgesetzten, Kollegen und Kunden war stets einwandfrei.
c)	Wegen seines freundlichen und ausgeglichenen Wesens wurde Herr (Name) allseits sehr geschätzt, wobei er stets aktiv die gute Zusammenarbeit und Teamatmosphäre förderte. Sein Verhalten gegenüber Vorgesetzten, Kollegen und Kunden war jederzeit einwandfrei.
d)	Jederzeit trat Herr (Name) natürlich, höflich und verbindlich auf, wodurch er stets aktiv die gute Zusammenarbeit und Teamatmosphäre förderte. Sein persönliches Verhalten war gut.
e)	Das Verhalten von Herrn (Name) war vorbildlich. Bei Vorgesetzten, Kollegen und Kunden war er sehr geschätzt.
f)	Das Verhalten von Herrn (Name) gegenüber Vorgesetzten, seine Integration im Kollegenkreis und sein offener Zugang zu den Mitarbeitern waren stets einwandfrei. Besonders hervorzuheben ist seine Eigenschaft, bei komplizierten Entscheidungen den Konsens zu suchen und zu finden.

3.13.3 Note 3

a)	Wegen seines freundlichen, höflichen und hilfsbereiten Auftretens war Herr (Name) ein geschätzter Ansprechpartner.
b)	Von allen Ansprechpartnern wurde Herr (Name) wegen seines freundlichen und konzilianten Auftretens geschätzt.
c)	Wegen seines freundlichen und ausgeglichenen Wesens wurde Herr (Name) allseits geschätzt, wobei er aktiv die gute Zusammenarbeit und Teamatmosphäre förderte.
d)	Durch seine natürliche, höfliche und verbindliche Art förderte Herr (Name) aktiv die gute Zusammenarbeit und die Teamatmosphäre.
e)	Herr (Name) konnte fachlich und persönlich überzeugen und erwarb sich die Anerkennung seiner Vorgesetzten, Kollegen und Kunden.
f)	Das Verhalten von Herrn (Name) gegenüber Vorgesetzten, Mitarbeitern und Kunden war einwandfrei.

3.13.4 Note 4

a)	Mit seinen Kollegen kam Herr (Name) zurecht.
b)	Wegen seines freundlichen Auftretens war Herr (Name) von den meisten Ansprechpartnern geschätzt.
c)	Wegen seines freundlichen und ausgeglichenen Wesens war Herr (Name) geschätzt, wobei er die Zusammenarbeit und Teamatmosphäre immer förderte.
d)	Durch natürliches und korrektes Auftreten förderte Herr (Name) die Zusammenarbeit und die Teamatmosphäre.
e)	Herr (Name) hatte stets ein gutes Verhältnis zu seinen Kollegen, was zu einem produktiven Arbeits- und Betriebsklima führte.
f)	Das Verhalten von Herrn (Name) gab zu Beanstandungen keinen Anlass.

3.13.5 Note 5

a)	Stets bemühte sich Herr (Name), mit den Kollegen einen freundschaftlichen und respektvollen Umgang zu pflegen.
b)	Wegen seines freundlichen Auftretens wurde Herr (Name) im Großen und Ganzen geschätzt.
c)	Wegen seines freundlichen und ausgeglichenen Wesens wurde Herr (Name) akzeptiert, wobei er die Zusammenarbeit und Teamatmosphäre immer aktiv zu fördern versuchte.
d)	Durch korrektes Auftreten förderte Herr (Name) die Zusammenarbeit und die Teamatmosphäre.
e)	Herrn (Name)s persönliches Verhalten war im Wesentlichen einwandfrei.
f)	Herrn (Name) Zusammenarbeit mit Vorgesetzten und Kollegen war im Großen und Ganzen zufrieden stellend.

3.13.6 Note 6

a)	Mit den Kollegen bemühte sich Herr (Name), einen freundschaftlichen und respektvollen Umgang zu pflegen.
b)	Wegen seines freundlichen Auftretens wurde Herr (Name) im Großen und Ganzen akzeptiert.
c)	Wegen seines meist freundlichen und ausgeglichenen Wesens wurde Herr (Name) akzeptiert, wobei er die Zusammenarbeit und Teamatmosphäre immer aktiv zu fördern versuchte.
d)	Durch korrektes Auftreten bemühte sich Herr (Name) die Zusammenarbeit und die Teamatmosphäre zu fördern.
e)	Das Verhalten von Herrn (Name) gegenüber seinen Vorgesetzten und Mitarbeitern war im Wesentlichen einwandfrei.
f)	Das Verhalten von Herrn (Name) war nicht frei von Beanstandungen. Er hatte Probleme, sich in die Teamarbeit einzufügen.

3.14 Kriterium: Beendigungsgrund

a)	Herr (Name) verlässt unser Unternehmen mit dem heutigen Tage auf eigenen Wunsch.
b)	Herr (Name) verlässt unser Unternehmen mit dem heutigen Tage auf eigenen Wunsch, um eine neue Herausforderung anzunehmen.
c)	Leider können wir Herrn (Name) aufgrund der derzeit sehr schwierigen konjunkturellen Situation, die auch unser Unternehmen betrifft, keine Perspektive mehr bieten. Das Arbeitsverhältnis mit Herrn (Name) endet daher aus betriebsbedingten Gründen.
d)	Das Arbeitsverhältnis mit Herrn (Name) endet aus betriebsbedingten Gründen.
e)	Aufgrund tief greifender Umstrukturierungen, die auch die Position von Herrn (Name) betreffen, endet sein Arbeitsverhältnis mit dem heutigen Tag aus betriebsbedingten Gründen.
f)	Das Arbeitsverhältnis mit Herrn (Name) endet im besten beiderseitigen Einvernehmen.
g)	Das Arbeitsverhältnis mit Herrn (Name) endet im besten beiderseitigen Einvernehmen per Aufhebungsvertrag.
h)	Herr (Name) verlässt unser Unternehmen, weil er innerhalb des Konzerns in eine andere Tochtergesellschaft wechselt.
i)	Das Arbeitsverhältnis mit Herrn (Name) endet mit dem heutigen Tagen im besten beiderseitigen Einvernehmen per Aufhebungsvertrag, weil Herr (Name) eine neue Herausforderung annehmen möchte.
j)	Herr (Name) verlässt unser Unternehmen mit dem heutigen Tage, um in den Ruhestand zu wechseln.

3.15 Kriterium: Schlussformulierung

3.15.1 Note 1

a)	Wir bedanken uns für die stets sehr gute, langjährige Zusammenarbeit und bedauern Herrn (Name)s Ausscheiden sehr. Wir wünschen Herrn (Name) beruflich und persönlich alles Gute, viel Glück und Erfolg.
b)	Es ist uns ein Anliegen, Herrn (Name) für seine Mitarbeit unseren besonderen Dank auszusprechen. Für seine berufliche und persönliche Zukunft wünschen wir ihm weiterhin viel Erfolg und persönlich alles Gute.
c)	Wir bedauern seine Entscheidung außerordentlich, weil wir mit ihm eine wertvolle Führungskraft verlieren. Wir bedanken uns bei ihm für seine zu jeder Zeit sehr gute Arbeit und wünschen ihm für seine berufliche wie persönliche Zukunft alles Gute und weiterhin viel Erfolg.
d)	Wir danken Herrn (Name) für die hervorragende Zusammenarbeit mit unserem Unternehmen, bedauern sein Ausscheiden außerordentlich und wünschen ihm auf seinem weiteren Berufs- und Lebensweg alles Gute und weiterhin viel Erfolg.
e)	Gleichwohl bedanken wir uns für seine geleistete hervorragende Aufbauarbeit und wünschen ihm für die Zukunft alles Gute und weiterhin viel Erfolg. Falls erforderlich und möglich, würden wir jederzeit auf ihn als externen Berater zurückgreifen.
f)	Wir bedauern diese Entwicklung außerordentlich, weil wir mit Herrn (Name) eine wertvolle Führungskraft verlieren. Wir bedanken uns bei ihm für seine zu jeder Zeit sehr gute Arbeit und wünschen ihm für seine berufliche wie persönliche Zukunft alles Gute und weiterhin viel Erfolg.

3.15.2 Note 2

a)	Wir bedauern seinen Entschluss sehr, danken ihm für seine wertvollen Dienste und wünschen ihm für seine berufliche wie persönliche Zukunft alles Gute und weiterhin viel Erfolg.
b)	Wir bedauern sein Ausscheiden sehr, da wir mit ihm eine gute Fachkraft verlieren. Wir können ihn als Mitarbeiter sehr empfehlen und danken ihm für seine stets guten Leistungen. Für seinen weiteren Berufs- und Lebensweg wünschen wir ihm alles Gute und weiterhin viel Erfolg.
c)	Wir bedanken uns für die stets gute Zusammenarbeit und bedauern, mit ihm eine für uns wertvolle Führungspersönlichkeit zu verlieren. Wir wünschen Herrn (Name) für seinen weiteren Berufs- und Lebensweg alles Gute und viel Erfolg.
d)	Gleichwohl bedauern wir seinen Weggang sehr, danken Herrn (Name) für seine guten Leistungen und wünschen ihm für seine Zukunft beruflich wie persönlich alles Gute und weiterhin viel Erfolg.
e)	Wir bedauern sein Ausscheiden, bedanken uns für seine konstruktive Mitarbeit und wünschen ihm für seine berufliche und private Zukunft weiterhin viel Erfolg und alles Gute.
f)	Für seine loyalen Dienste danken wir Herrn (Name), für seine berufliche wie persönliche Zukunft wünschen wir ihm alles Gute und weiterhin viel Erfolg.

3.15.3 Note 3

a)	Wir bedauern sein Ausscheiden, da wir mit ihm eine gute Fachkraft verlieren, und danken ihm für seine allzeit zufrieden stellenden Leistungen. Für seinen weiteren Berufs- und Lebensweg wünschen wir ihm alles Gute und viel Erfolg.
b)	Wir bedauern seinen Entschluss, danken Herrn (Name) für seine Mitarbeit und wünschen ihm für seine Zukunft alles Gute und weiterhin Erfolg.
c)	Wir danken Herrn (Name) für die Zusammenarbeit und bedauern seinen Entschluss. Für die Zukunft wünschen wir ihm alles Gute.
d)	Gleichwohl bedauern wir seinen Weggang, danken Herrn (Name) für seine Mitarbeit und wünschen ihm für seine Zukunft beruflich wie persönlich alles Gute und weiterhin viel Erfolg.
e)	Wir bedauern sein Ausscheiden, bedanken uns für seine Mitarbeit und wünschen ihm für seine berufliche und private Zukunft weiterhin Erfolg und alles Gute.
f)	Für seine Dienste danken wir Herrn (Name), für seine berufliche wie persönliche Zukunft wünschen wir ihm alles Gute und weiterhin viel Erfolg.

3.15.4 Note 4

a)	Wir danken Herrn (Name) für seine Mitarbeit und wünschen ihm für die Zukunft alles Gute
b)	Für seine Mitarbeit bedanken wir uns und wir wünschen Herrn (Name) für seinen beruflichen Lebensweg alles Gute.
c)	Wir danken ihm für seine Tätigkeit. Für die Zukunft wünschen wir ihm alles Gute.
d)	Wir bedanken uns für seine Arbeit und wünschen ihm für seine weitere Zukunft viel Erfolg.
e)	Wir danken ihm für die Tätigkeit in unserem Unternehmen und wünschen ihm für die Zukunft viel Erfolg.
f)	Wir danken Herrn (Name) für seine Mitarbeit und wünschen ihm für seine Zukunft beruflich wie persönlich alles Gute und weiterhin viel Erfolg.

3.15.5 Note 5

a)	Wir wünschen ihm für die Zukunft alles Gute.
b)	Für die Zukunft wünschen wir ihm beruflich wie persönlich alles Gute und weiterhin viel Erfolg.
c)	Wir wünschen ihm für seinen weiteren Lebensweg alles Gute.
d)	Wir wünschen ihm viel Erfolg.
e)	Wir wünschen ihm für seinen weiteren Lebensweg alles Gute.
f)	Sowohl in beruflichen Dingen als auch für den privaten Lebensweg wünschen wir ihm alles Gute.

3.15.6 Note 6

a)	Wir bedauern, auf die weitere Zusammenarbeit mit Herrn (Name) verzichten zu müssen. Unsere besten Wünsche sind mit ihm.
b)	Wir wünschen Herrn (Name), dass er seine Leistungsfähigkeit zukünftig voll entfalten kann.
c)	Wir wünschen Herrn (Name) auch Erfolg für die Zukunft.
d)	Wir wünschen Herrn (Name) Erfolg für seinen beruflichen Lebensweg.
e)	./.
f)	./.

4 Textbausteine (weiblich)

4.1 Einleitung

a)	Frau (Vorname Name), geb. am (Geburtsdatum) in (Geburtsort), war vom (Eintrittsdatum) bis zum (Austrittsdatum) in unserer Unternehmensgruppe als (Tätigkeit) in direkter Unterstellung des Vorstandes tätig.
b)	Frau (Vorname Name), geb. am (Geburtsdatum) in (Geburtsort), trat am (Eintrittsdatum) in unser Unternehmen ein und war bis zum (Austrittsdatum) als (Tätigkeit) tätig.
c)	Frau (Vorname Name), geb. am (Geburtsdatum) in (Geburtsort), war vom (Eintrittsdatum) bis zum (Austrittsdatum) in unserem Unternehmen tätig. Sie arbeitete als (Tätigkeit).
d)	Frau (Vorname Name), geboren am (Geburtsdatum) in (Geburtsort), ist vom (Eintrittsdatum) bis zum (Austrittsdatum) in unserem Unternehmen als (Tätigkeit) tätig gewesen.

4.2 Kriterium: Fachwissen

4.2.1 Note 1

a)	Frau (Name) verfügt über ein äußerst profundes Fachwissen, welches sie stets effektiv und erfolgreich in der Praxis einsetzt.
b)	Frau (Name) überzeugte uns stets durch ihr auch in Nebenbereichen ausgezeichnetes Fachwissen, das sie zudem immer sicher und gekonnt in der Praxis einsetzte.
c)	Frau (Name) setzt ihr Fachwissen von ganz außerordentlicher Tiefe und Breite in ihrer täglich anfallenden Arbeit immer sicher und sehr effizient ein.
d)	Frau (Name) verfügt über ein hervorragendes und auch in Randbereichen sehr tiefgehendes Fachwissen, welches sie in unser Unternehmen stets in höchst gewinnbringender Weise einbrachte.
e)	Frau (Name) verfügt über umfassende und vielseitige Fachkenntnisse, auch in Randbereichen und setzt sie stets sicher und zielgerichtet in der Praxis ein.
f)	Frau (Name) beherrscht ihr Arbeitsgebiet umfassend, kennt sich mit allen Prozessen und Gegebenheiten des Unternehmens bestens aus und setzt ihr Fachwissen jederzeit adäquat und sehr ergebnisorientiert im Tagesgeschäft um.

4.2.2 Note 2

a)	Frau (Name) verfügt über ein profundes Fachwissen, welches sie effektiv und erfolgreich in der Praxis einsetzt.
b)	Frau (Name) überzeugte uns durch ihr sehr gutes Fachwissen, das sie zudem sehr sicher und gekonnt in der Praxis einsetzte.
c)	Frau (Name) setzt ihr umfassendes Fachwissen in ihrer täglich anfallenden Arbeit sehr sicher und effizient ein.
d)	Frau (Name) verfügt über ein auch in Randbereichen tief gehendes Fachwissen, welches sie in unser Unternehmen in gewinnbringender Weise einbrachte.
e)	Frau (Name) verfügt über umfassende und vielseitige Fachkenntnisse, die sie jederzeit sicher und zielgerichtet in der Praxis einsetzt.
f)	Frau (Name) besitzt ein sehr fundiertes und breites Fachwissen, das sich auch auf Nebenbereiche erstreckt und von ihr jederzeit sicher und sehr ergebnisorientiert in ihrem Tagesgeschäft umgesetzt wird.

4.2.3 Note 3

a)	Frau (Name) verfügt über ein recht weitreichendes Fachwissen, welches sie in der Praxis erfolgreich einsetzt.
b)	Frau (Name) fand durch ihr Fachwissen und ihre überlegte und sichere Art, es in der Praxis einzusetzen, Anerkennung.
c)	Frau (Name) wendet ihr tragfähiges Fachwissen in ihrer täglich anfallenden Arbeit sicher an.
d)	Frau (Name) verfügt über ein tief gehendes Fachwissen, welches sie zum Vorteil unseres Unternehmens einbrachte.
e)	Frau (Name) verfügt über solide Fachkenntnisse, die sie sicher in der Praxis einsetzt.
f)	Frau (Name) verfügt über weit gehende Fachkenntnisse, die sie folgerichtig in der Praxis anwendet.

4.2.4 Note 4

a)	Frau (Name) verfügt über ein für ihren Arbeitsbereich hinreichendes Fachwissen, welches sie häufig in der Praxis einsetzt.
b)	Frau (Name) fand durch ihr weitreichendes Grundwissen und ihre Fähigkeit, es in der Praxis einzusetzen, in Teilen der Firma Respekt.
c)	Frau (Name) wendet ihr Fachwissen in ihrer täglich anfallenden Arbeit an.
d)	Frau (Name) verfügt über ein Fachwissen, welches sie in unserer Firma einbrachte.
e)	Frau (Name) verfügt über ein solides Grundwissen in ihrem Arbeitsbereich und setzt diese Fachkenntnisse auf zufriedenstellende Weise in der Praxis ein.
f)	Frau (Name) verfügt über ein ausreichendes Fachwissen, das sie in der Regel sicher anwendet.

4.2.5 Note 5

a)	Frau (Name) war bemüht ihr Fachwissen weiterzuentwickeln und es in der Praxis einzusetzen.
b)	Frau (Name) war bestrebt ihre Fachkenntnisse im Gespräch mit Kollegen zu erweitern.
c)	Frau (Name) bemühte sich redlich, ihre Kenntnisse bei der täglichen Arbeit umzusetzen.
d)	Frau (Name) verfügt über ausreichende Grundkenntnisse, die sie regelmäßig in ihrer Arbeit anwendet.
e)	Frau (Name) verfügt über entwicklungsfähige Kenntnisse ihres Arbeitsbereichs und setzt diese Fachkenntnisse im Wesentlichen sicher und zielgerichtet in der Praxis ein.
f)	Frau (Name) hatte Gelegenheit, sich die erforderlichen Kenntnisse ihres Arbeitsbereichs anzueignen und bemühte sich, diese Fachkenntnisse auf zufrieden stellende Weise in der Praxis einzusetzen.

4.2.6 Note 6

a)	Frau (Name) hatte mehrere Angebote, ihr Fachwissen weiterzuentwickeln, und sie fand Unterstützung, um ihre Kenntnisse in der Praxis zu erproben.
b)	Frau (Name) ist bestrebt, ihre Kenntnisse im Gespräch mit Kollegen darzulegen.
c)	Frau (Name) mühte sich, ihre entwicklungsfähigen Kenntnisse bei der täglichen Arbeit umzusetzen.
d)	Frau (Name) verfügt über ausreichende Grundkenntnisse, die sie des Öfteren in ihrer Arbeit anwendet.
e)	Frau (Name) arbeitete immer an ihren fachlichen Grundkenntnissen und war um den Einsatz dieser Fachkenntnisse bemüht.
f)	Frau (Name) hatte die Gelegenheit, sich wichtiges fachliches Grundwissen anzueignen und dieses Fachwissen einzusetzen.

4.3 Kriterium: Weiterbildung

4.3.1 Note 1

a)	Zum Nutzen des Unternehmens erweiterte und aktualisierte sie immer mit großem Gewinn ihre umfassenden Fachkenntnisse durch regelmäßige Teilnahme an Weiterbildungsveranstaltungen.
b)	Besonders hervorheben möchten wir, dass sie in eigener Initiative ihr Fachwissen immer erfolgreich durch den regelmäßigen Besuch von Weiterbildungsveranstaltungen erweiterte.
c)	Sie besuchte regelmäßig und sehr erfolgreich Schulungen und Weiterbildungsveranstaltungen, um ihre Stärken weiter auszubauen und ihre bereits hervorragenden Fachkenntnisse zu erweitern.
d)	Hervorzuheben ist, dass sie regelmäßig an den unterschiedlichsten fachbezogenen Weiterbildungsseminaren erfolgreich teilgenommen hat und immer mit neuen Impulsen ihre Arbeit in unserem Unternehmen bereicherte.
e)	Sie nutzte immer alle gebotenen Möglichkeiten zur beruflichen Weiterbildung intensiv und sehr erfolgreich.
f)	Sie bildete sich stets in eigener Initiative durch den Besuch interner und externer Seminare beruflich weiter und war dabei immer sehr erfolgreich.

4.3.2 Note 2

a)	Sie erweiterte und aktualisierte mit großem Gewinn ihre guten Fachkenntnisse durch die Teilnahme an Weiterbildungsveranstaltungen zum Nutzen des Unternehmens.
b)	Hervorheben möchten wir, dass sie ihr Fachwissen mit Erfolg durch den regelmäßigen Besuch von Weiterbildungsveranstaltungen erweiterte.
c)	Sie besuchte regelmäßig und erfolgreich Schulungen und Weiterbildungsveranstaltungen, um ihre Stärken auszubauen und ihre guten Fachkenntnisse zu erweitern.
d)	Hervorzuheben ist, dass sie regelmäßig an unterschiedlichen fachbezogenen Weiterbildungsseminaren gewinnbringend teilgenommen hat.
e)	Sie nutzte alle gebotenen Möglichkeiten zur beruflichen Weiterbildung intensiv und erfolgreich.
f)	Sie bildete sich stets aus eigener Initiative durch den Besuch interner und externer Seminare beruflich weiter und war dabei sehr erfolgreich.

4.3.3 Note 3

a)	Sie erweiterte und aktualisierte mit Gewinn ihre Fachkenntnisse durch die Teilnahme an Weiterbildungsveranstaltungen und nutzte so dem Unternehmen.
b)	Ihr Fachwissen vertiefte sie durch den Besuch von Weiterbildungsveranstaltungen.
c)	Sie besuchte Weiterbildungsseminare, um ihre Stärken auszubauen und ihre Fachkenntnisse zu erweitern.
d)	An fachbezogenen Weiterbildungsveranstaltungen nahm sie regelmäßig teil.
e)	Sie nutzte alle gebotenen Möglichkeiten zur beruflichen Weiterbildung mit Erfolg.
f)	Sie bildete sich aus eigener Initiative durch den Besuch interner und externer Seminare beruflich weiter und hatte dabei Erfolg.

4.3.4 Note 4

a)	Sie erweiterte ihre Kenntnisse durch die Teilnahme an Weiterbildungsveranstaltungen immer im notwendigen Maße.
b)	Sie entwickelte ihr Grundwissen, indem sie fachbezogene Seminare besuchte.
c)	Sie besuchte, wenn sie eingeladen wurde, Weiterbildungsseminare, wodurch ihr Wissen erweitert werden konnte.
d)	Sie hat an einem fachbezogenen Weiterbildungsseminar teilgenommen.
e)	Sie nutzte verschiedentlich Möglichkeiten zur beruflichen Weiterbildung.
f)	Sie bildete sich durch den Besuch interner und externer Seminare beruflich weiter und war dabei teilweise erfolgreich.

4.3.5 Note 5

a)	Es gelang ihr teilweise, ihre Kenntnisse durch die Teilnahme an Weiterbildungsveranstaltungen in Maßen zu erweitern.
b)	Sie festigte ihr Grundwissen, indem sie fachbezogene Seminare besuchte.
c)	Sie hat, wenn sie eingeladen wurde, Weiterbildungsseminare besucht.
d)	Sie hat an einem Seminar zur beruflichen Weiterbildung teilgenommen.
e)	Sie hatte Gelegenheit, alle gebotenen Möglichkeiten zur beruflichen Weiterbildung intensiv wahrzunehmen.
f)	Sie bildete sich durch den Besuch interner und externer Seminare beruflich weiter und war dabei im Großen und Ganzen erfolgreich.

4.3.6 Note 6

a)	Es gelang ihr teilweise, ihre Kenntnisse durch die Teilnahme an Weiterbildungsveranstaltungen zu festigen.
b)	Sie war auf dem besten Wege, ihr Grundwissen durch fachbezogene Seminare zu festigen.
c)	Sie hatte sich bemüht, an der beruflichen Weiterbildung teilzunehmen, zu der sie eine Einladung erhalten hatte.
d)	Sie hat an einem Seminar zur beruflichen Weiterbildung teilgenommen.
e)	Sie hatte die Gelegenheit, alle gebotenen Möglichkeiten zur beruflichen Weiterbildung wahrzunehmen.
f)	Sie nahm sich den Besuch interner und externer Seminare zur beruflichen Weiterbildung vor.

4.4 Kriterium: Auffassungsgabe und Problemlösung

4.4.1 Note 1

a)	Aufgrund ihrer präzisen Analysefähigkeiten und ihrer sehr schnellen Auffassungsgabe fand sie hervorragende Lösungen, die sie konsequent und erfolgreich in die Praxis umsetzte.
b)	Die Verbindung von äußerst rascher Auffassungsgabe und breit ausgebildeter Methodik ließen sie auch schwierige Aufgabenstellungen schnell einer klugen und zugleich eleganten Lösung zuführen.
c)	Durch ihre äußerst rasche Auffassungsgabe war Frau (Name) sofort in der Lage, neue Entwicklungen zu überschauen und ihre Folgen präzise einzuschätzen.
d)	Durch ihr ausgeprägtes analytisches Denkvermögen und ihre sehr schnelle Auffassungsgabe hat sie stets zu effektive Lösungen entwickelt, die sie gewinnbringend einsetzte.
e)	Dank ihrer sehr schnellen Auffassungsgabe überblickte Frau (Name) auch komplexe Zusammenhänge immer sofort und treffsicher.
f)	Ihre äußerst schnelle Auffassungsgabe ermöglichte es Frau (Name) auch schwierigste Situationen sofort zu überblikken und dabei stets das Wesentliche zu erkennen.

4.4.2 Note 2

a)	Aufgrund ihrer genauen Analysefähigkeiten und ihrer schnellen Auffassungsgabe findet sie gute Lösungen, die sie konsequent und erfolgreich in die Praxis umsetzt.
b)	Die Verbindung von rascher Auffassungsgabe und gut ausgebildeter Methodik ließen sie auftretende Herausforderungen schnell einer eleganten Lösung zuführen.
c)	Durch ihre gute Auffassungsgabe war Frau (Name) immer in der Lage, neue Entwicklungen zu überschauen und deren Folgen einzuschätzen.
d)	Durch ihr geschultes analytisches Denkvermögen und ihre schnelle Auffassungsgabe hat sie effektive Lösungen gefunden, die wir mit Gewinn einsetzen.
e)	Dank ihrer sehr schnellen Auffassungsgabe überblickte Frau (Name) auch komplexe Zusammenhänge sofort.
f)	Ihre sehr schnelle Auffassungsgabe ermöglichte es Frau (Name), auch schwierige Sachverhalte sofort zu überblikken und dabei das Wesentliche zu erkennen.

4.4.3 Note 3

a)	Aufgrund ihrer Fähigkeit, Situationen schnell zu erfassen und treffend zu analysieren hat sie immer wieder passende Lösungen in die Praxis umsetzen können.
b)	Die Verbindung von rascher Auffassungsgabe und ausgebildeter Methodik ließen sie auftretende Fragen einer passenden Lösung zuführen.
c)	Durch ihre befriedigende Auffassungsgabe war Frau (Name) in der Lage, neue Entwicklungen zu überschauen und deren Folgen abzuschätzen.
d)	Durch ihr geschultes analytisches Denkvermögen und ihre schnelle Auffassungsgabe hat sie effektive Lösungen gefunden, die wir mit Gewinn einsetzten.
e)	Dank ihrer schnellen Auffassungsgabe überblickte Frau (Name) auch komplexere Zusammenhänge.
f)	Ihre schnelle Auffassungsgabe ermöglichte es Frau (Name), auch schwierigere Sachverhalte zu überblicken und dabei das Wesentliche zu erkennen.

4.4.4 Note 4

a)	Aufgrund ihrer Fähigkeit, Situationen meist schnell zu erfassen und häufig treffsicher zu analysieren, hat sie immer wieder Lösungen anbieten können.
b)	Die Verbindung von rascher Auffassungsgabe mit geübter Methodik ermöglichten es ihr, auftretende Fragen in angemessener Zeit zu lösen.
c)	Durch ihre befriedigende Auffassungsgabe war Frau (Name) in der Lage, neue Entwicklungen zu überschauen und deren Folgen einzugrenzen.
d)	Durch den häufigen Einsatz ihres analytischen Denkvermögens und ihrer meist raschen Auffassungsgabe hat sie immer wieder Wege gefunden, die teilweise für Problemlösungen ausschlaggebend waren.
e)	Dank ihrer ausreichenden Auffassungsgabe überblickte Frau (Name) auch komplexere Zusammenhänge.
f)	Ihre meist schnelle Auffassungsgabe ermöglichte es Frau (Name), auch schwierigere Sachverhalte zu überblicken und dabei oft das Wesentliche zu erkennen.

4.4.5 Note 5

a)	Aufgrund ihrer Fähigkeit, sich Problemen vorsichtig zu nähern und sie auch analytisch anzugehen, konnte sie verschiedentlich Lösungen anbieten.
b)	Die Verbindung von rascher Auffassungsgabe mit erprobter Methodik ermöglichten es ihr, auftretende Fragen mit Unterstützung ihrer Vorgesetzten zu lösen.
c)	Durch ihre ausreichende Auffassungsgabe war Frau (Name) häufiger in der Lage, neue Entwicklungen zu überschauen und deren Folgen einzugrenzen.
d)	Durch den gelegentlichen Einsatz ihres analytischen Denkvermögens und ihrer meist raschen Auffassungsgabe hat sie verschiedentlich Wege gefunden, die teilweise für Problemlösungen wegweisend waren.
e)	Dank ihrer zufrieden stellenden Auffassungsgabe überblickte Frau (Name) wesentliche Zusammenhänge.
f)	Ihre durchschnittliche Auffassungsgabe ermöglichte es Frau (Name) auch schwierigere Sachverhalte zu überblikken und dabei mit Unterstützung ihrer Vorgesetzten sehr oft das Wesentliche zu erkennen.

4.4.6 Note 6

a)	Aufgrund ihrer Bereitschaft, sich mit neuen Arbeitsbereichen zu befassen und sich ihnen auch analytisch zu nähern, hatte sie immer Möglichkeiten, Lösungen anzubieten.
b)	Das Zusammentreffen von Auffassungsgabe und Methodik ermöglichten es ihr, auftretende Probleme oft rechtzeitig zu erkennen.
c)	Durch ihre Auffassungsgabe war Frau (Name) verschiedentlich in der Lage, neue Entwicklungen nachzuvollziehen.
d)	Durch den Einsatz ihres analytischen Denkvermögens und ihre Versuche, Fragestellungen stets rasch aufzufassen, hat sie verschiedentlich Wege gefunden, die teilweise für Problemlösungen wegweisend waren.
e)	Dank ihrer vorhandenen Auffassungsgabe versuchte Frau (Name) immer, wesentliche Zusammenhänge zu erkennen.
f)	Ihre vorhandene Auffassungsgabe ermöglichte es Frau (Name) sich zu bemühen, auch schwierigere Sachverhalte zu überblicken und dabei mit Unterstützung seiner Vorgesetzten sehr oft das Wesentliche zu erkennen.

4.5 Kriterium: Denk- und Urteilsvermögen

4.5.1 Note 1

a)	Hervorzuheben ist ihre hoch entwickelte Fähigkeit, stets konzeptionell und übergreifend zu arbeiten, sowie ihre immer präzise Urteilsfähigkeit.
b)	Durch ihr konzeptionelles, kreatives und logisches Denken fand sie für alle, notwendig auftretenden, Herausforderungen stets ausgezeichnete Lösungen.
c)	Auch in prekären Situationen bewies sie eine ganz beachtliche Weitsicht, die es ihr ermöglichte, immer zutreffend und zugleich verantwortungsvoll zu urteilen.
d)	Aufgrund ihrer stets ausgezeichneten Denkfähigkeit und ihres überaus sicheren Urteilsvermögens meisterte sie jede Herausforderung sehr gut.
e)	Durch ihr ausgeprägt logisches und analytisches Denkvermögen kam Frau (Name) auch in schwierigen Situationen immer zu einem eigenständigen, abgewogenen und zutreffenden Urteil.
f)	Durch ihren geschärften analytischen Verstand kam Frau (Name) auch angesichts diffiziler Fragestellungen zu einem eigenständigen, abgewogenen und stets zutreffenden Urteil.

4.5.2 Note 2

a)	Hervorzuheben ist ihre gut entwickelte Fähigkeit, konzeptionell und übergreifend zu arbeiten, sowie ihre präzise Urteilsfähigkeit.
b)	Durch ihr konzeptionelles, kreatives und logisches Denken fand sie für alle, notwendig auftretenden, Herausforderungen ausgezeichnete Lösungen.
c)	Auch in prekären Situationen bewies sie eine beachtliche Weitsicht, die es ihr ermöglichte, zutreffend und verantwortungsvoll zu urteilen.
d)	Dank ihrer hervorragenden Denkfähigkeit und ihrer sicheren Urteilsfähigkeit meisterte sie jede Herausforderung gut.
e)	Durch ihr logisches und analytisches Denkvermögen kam Frau (Name) auch in schwierigen Situationen zu einem eigenständigen, abgewogenen und immer zutreffenden Urteil.
f)	Durch ihren geschärften analytischen Verstand kam Frau (Name) auch in schwierigen Situationen zu einem eigenständigen, abgewogenen und zutreffenden Urteil.

4.5.3 Note 3

a)	Hervorzuheben ist ihre befriedigend entwickelte Fähigkeit, konzeptionell und konstruktiv zu arbeiten, sowie ihre Urteilsfähigkeit.
b)	Durch ihr konzeptionelles, kreatives und logisches Denken fand sie für alle, notwendig auftretenden, Herausforderungen stets befriedigende Lösungen.
c)	Sie bewies eine beachtliche Weitsicht, die es ihr ermöglichte, zutreffend und verantwortungsvoll zu urteilen.
d)	Dank ihrer Urteils- und Denkfähigkeit konnte sie viele Aufgabenstellungen meistern.
e)	Durch ihr logisches und analytisches Denkvermögen kam Frau (Name) auch in schwierigen Situationen zu einem eigenständigen, abgewogenen und zutreffenden Urteil.
f)	Ihre folgerichtige Denkweise kennzeichnete ihre sichere Urteilsfähigkeit in bekannten Zusammenhängen.

4.5.4 Note 4

a)	Hervorzuheben ist ihre sich entwickelnde Fähigkeit, konzeptionell und konstruktiv zu arbeiten, sowie ihre Urteilsfähigkeit.
b)	Wenn sie ihre Fähigkeit, konzeptionell, kreativ und logisch zu Denken, einsetzte, fand sie für auftretende Probleme auch Lösungen.
c)	Sie bewies häufig Weitsicht, die es ihr ermöglichte, meist zutreffend und verantwortungsvoll zu urteilen.
d)	Dank ihrer Urteils- und Denkfähigkeit fand sie in manchen Aufgabenstellungen einen Ausweg.
e)	In allen ihr vertrauten Zusammenhängen konnte sie sich auf ihre Urteilsfähigkeit stützen.
f)	Frau (Name)s fachliche Urteile waren in wichtigen Fragen zutreffend.

4.5.5 Note 5

a)	Erwähnenswert ist ihre Fähigkeit, im Wesentlichen konzeptionell und konstruktiv zu arbeiten.
b)	Immer wieder setzte sie ihre Fähigkeit, teilweise konzeptionell, kreativ und logisch zu denken, ein.
c)	Sie sah häufig über die Grenzen des ihr Bekannten hinaus und gelangte so zu neuen Einschätzungen.
d)	Dank ihrer Urteils- und Denkfähigkeit konnte sie in vielen Aufgabenstellungen bestehen.
e)	In allen ihr vertrauten Zusammenhängen konnte sie sich im Wesentlichen auf ihre Urteilsfähigkeit stützen.
f)	Frau (Name)s fachliche Urteile in den wichtigsten Fragen waren in der Regel zutreffend.

4.5.6 Note 6

a)	Erwähnenswert ist ihre Fähigkeit, mit Kollegen zusammen konzeptionell und konstruktiv vorzugehen.
b)	Immer setzte sie ihre Fähigkeit ein, zentrale Aspekte einer Frage konzeptionell, kreativ und logisch anzugehen.
c)	Sie sah gelegentlich über die Grenzen des ihr Bekannten hinaus und gelangte so zu verschiedenen Einschätzungen.
d)	Dank ihrer Urteils- und Denkfähigkeit konnte sie in vielen Aufgabenstellungen bestehen.
e)	In allen ihr vertrauten Zusammenhängen versuchte sie, sich auf ihre Urteilsfähigkeit zu stützen.
f)	Frau (Name)s fachliche Urteile in den wichtigsten Fragen galten nach Rücksprache mit Vorgesetzten oder Kollegen stets als zutreffend.

4.6 Kriterium: Leistungsbereitschaft

4.6.1 Note 1

a)	Frau (Name) ist eine hervorragend engagierte Mitarbeiterin, die ihre Aufgaben jederzeit mit voller Einsatzbereitschaft erfolgreich erfüllte.
b)	Frau (Name) erledigte ihre Aufgaben zu jeder Zeit mit beispielhaftem Engagement und sehr großem persönlichen Einsatz.
c)	Frau (Name) ergreift von sich aus die Initiative und setzt sich mit größter Leistungsbereitschaft für unser Unternehmen und die Zufriedenheit unserer Kunden ein.
d)	Frau (Name) hat mit ihrem äußerst hohen Engagement einen sehr guten Beitrag zum Erfolg unserer Produkte geleistet.
e)	Frau (Name) zeigte jederzeit hohe Eigeninitiative und identifizierte sich immer voll mit ihren Aufgaben sowie dem Unternehmen, wobei sie auch durch ihre große Einsatzfreude überzeugte.
f)	Frau (Name) überzeugte in besonderem Maße durch ihren ausgezeichneten Leistungswillen und ihre stetige Bereitschaft, auch zusätzliche Verantwortung zu übernehmen.

4.6.2 Note 2

a)	Frau (Name) ist eine engagierte Mitarbeiterin, die ihre Aufgaben jederzeit mit vollem Einsatz erfolgreich durchführte.
b)	Frau (Name) erledigte ihre Aufgaben mit großem Engagement und persönlichem Einsatz.
c)	Frau (Name) ergriff von sich aus die Initiative und setzte sich mit großer Einsatzbereitschaft für unser Unternehmen und die Zufriedenheit unserer Kunden ein.
d)	Frau (Name) hat mit ihrem hohen Engagement einen guten Beitrag zum Erfolg unserer Produkte geleistet.
e)	Frau (Name) zeigte eine hohe Eigeninitiative und identifizierte sich voll mit ihren Aufgaben sowie dem Unternehmen, wobei sie auch durch ihre große Einsatzfreude überzeugte.
f)	Frau (Name) überzeugte durch ihren hohen Leistungswillen und ihre stetige Bereitschaft, auch zusätzliche Verantwortung zu übernehmen.

4.6.3 Note 3

a)	Frau (Name) ist eine engagierte Mitarbeiterin, die ihre Aufgaben mit vollem Einsatz durchführte.
b)	Frau (Name) erledigte ihre Aufgaben mit durchschnittlichem Engagement und persönlichem Einsatz.
c)	Frau (Name) ergriff selbst die Initiative und zeigte große Einsatzbereitschaft für unser Unternehmen und die Zufriedenheit unserer Kunden.
d)	Frau (Name) hat mit bedeutendem Einsatzwillen immer wieder gute Beiträge zum Erfolg unserer Produkte geleistet.
e)	Frau (Name) zeigte eine hohe Eigeninitiative und identifizierte sich mit ihren Aufgaben sowie dem Unternehmen, wobei sie auch durch ihre Einsatzfreude überzeugte.
f)	Frau (Name) überzeugte durch ihren Leistungswillen und ihre Bereitschaft, auch zusätzliche Verantwortung zu übernehmen.

4.6.4 Note 4

a)	Frau (Name) ist eine grundsätzlich engagierte Mitarbeiterin, die bei der Durchführung ihrer Aufgaben Leistungsbereitschaft erkennen ließ.
b)	Frau (Name) erledigte ihre Aufgaben und zeigte dabei Engagement und persönlichen Einsatz.
c)	Frau (Name) ergreift die Initiative und zeigt durchaus Einsatzbereitschaft für unser Unternehmen und unsere Kunden.
d)	Frau (Name) hat mit Einsatzwillen immer wieder Beiträge zum Erfolg unserer Produkte geleistet.
e)	Frau (Name) zeigte Eigeninitiative und identifizierte sich mit ihren Aufgaben sowie dem Unternehmen, wobei sie auch bezüglich ihrer Einsatzfreude unsere Erwartungen weitgehend erfüllen konnte.
f)	Frau (Name) traf bezüglich ihres Leistungswillens und ihrer Bereitschaft, auch zusätzliche Verantwortung zu übernehmen, unsere Erwartungen.

4.6.5 Note 5

a)	Frau (Name) ist eine zumeist engagierte Mitarbeiterin, die ihre Aufgaben mit großer Bereitschaft, viel zu leisten, durchführte.
b)	Frau (Name) erledigte im Wesentlichen ihre Aufgaben und zeigte dabei oft Engagement und persönlichen Einsatz.
c)	Frau (Name) konnte auch aus eigener Initiative Einsatzbereitschaft für unser Unternehmen und unsere Kunden entwickeln.
d)	Frau (Name) hat häufig mit großem Einsatz Beiträge zum Erfolg unserer Produkte erbracht.
e)	Frau (Name) zeigte im Großen und Ganzen genügend Eigeninitiative und identifizierte sich mit ihren Aufgaben sowie dem Unternehmen, wobei sie auch bezüglich ihrer Einsatzfreude unsere Erwartungen im Wesentlichen erfüllen konnte.
f)	Frau (Name) traf bezüglich ihres Leistungswillens und ihrer Bereitschaft, auch zusätzliche Verantwortung zu übernehmen, im Großen und Ganzen unsere Erwartungen.

4.6.6 Note 6

a)	Frau (Name) war stets darauf bedacht, ihre Aufgaben mit großem Engagement durchzuführen.
b)	Frau (Name) erledigte im Wesentlichen ihre Aufgaben mit Unterstützung ihres Vorgesetzten und zeigte dabei auch Engagement und persönlichen Einsatz.
c)	Frau (Name) hat Absprachen über ihre Einsatzbereitschaft häufig gegenüber unserer Firma und unseren Kunden eingehalten.
d)	Frau (Name) hat häufig ihren Willen gezeigt, Beiträge zum Erfolg unserer Produkte zu erbringen.
e)	Frau (Name) bemühte sich im Großen und Ganzen um Eigeninitiative und identifizierte sich mit ihren Aufgaben sowie dem Unternehmen, wobei sie auch bezüglich ihrer Einsatzfreude unsere Erwartungen im Großen und Ganzen erfüllen konnte.
f)	Frau (Name) versuchte immer, mit ihrem Leistungswillens und ihrer Bereitschaft, auch zusätzliche Verantwortung zu übernehmen und unsere Erwartungen zu erfüllen.

4.7 Kriterium: Belastbarkeit

4.7.1 Note 1

a)	Auch in Stresssituationen erzielte sie sehr gute Leistungen in qualitativer und quantitativer Hinsicht und war auch stärkstem Arbeitsanfall immer gewachsen.
b)	Auch stärkstem Arbeitsanfall war sie jederzeit gewachsen.
c)	Sie war eine äußerst belastbare Mitarbeiterin, die die hohen Anforderungen ihrer wichtigen Position auch unter schwierigen Umständen und hohem Termindruck stets sehr gut meisterte.
d)	Auch unter schwierigsten Arbeitsbedingungen bewältigte sie alle Aufgaben in hervorragender Weise.
e)	Auch unter schwierigsten Arbeitsbedingungen und stärkster Belastung erfüllte sie unsere Erwartungen in bester Weise.
f)	Auch unter stärkster Belastung behielt sie die Übersicht, handelte überlegt und bewältigte alle Aufgaben in hervorragender Weise.

4.7.2 Note 2

a)	Auch unter starker Belastung behielt sie die Übersicht, handelte überlegt und bewältigte alle Aufgaben in guter Weise.
b)	Auch starkem Arbeitsanfall war sie jederzeit gewachsen.
c)	Sie war immer eine belastbare Mitarbeiterin, ihre Arbeitsqualität war auch bei wechselnden Anforderungen immer gut.
d)	Auch unter schwierigen Arbeitsbedingungen bewältigte sie alle Aufgaben in guter Weise.
e)	Auch unter schwierigen Arbeitsbedingungen und starker Belastung erfüllte sie unsere Erwartungen in guter Weise.
f)	Auch unter starker Belastung erfüllte sie unsere Erwartungen in guter Weise.

4.7.3 Note 3

a)	Auch starkem Arbeitsanfall war sie gewachsen.
b)	Sie war immer belastbar.
c)	Auch unter schwierigen Arbeitsbedingungen und starker Belastung erfüllte sie unsere Erwartungen stets in zufrieden stellender Weise.
d)	Auch unter starker Belastung behielt sie die Übersicht, handelte überlegt und bewältigte alle Aufgaben in zufrieden stellender Weise.
e)	Sie zeigte sich auch bei der Bewältigung neuer Aufgabenbereiche flexibel und aufgeschlossen.
f)	Sie war immer eine belastbare Mitarbeiterin, ihre Arbeitsqualität war auch bei wechselnden Anforderungen immer zufrieden stellend.

4.7.4 Note 4

a)	Dem üblichen Arbeitsanfall war sie gewachsen.
b)	Sie war belastbar.
c)	Auch unter erschwerten Arbeitsbedingungen und starker Belastung erfüllte sie unsere Erwartungen in meist zufrieden stellender Weise.
d)	Auch unter starker Belastung behielt sie die Übersicht, handelte überlegt und bewältigte die wesentlichen Aufgaben in zufrieden stellender Weise.
e)	Sie passte sich neuen, belastenden Arbeitssituationen an.
f)	Auch unter schwierigen Arbeitsbedingungen und starker Belastung erfüllte sie unsere Erwartungen im Wesentlichen in zufrieden stellender Weise.

4.7.5 Note 5

a)	Sie war bemüht, den üblichen Arbeitsanfall zu bewältigen.
b)	Sie zeigte sich den wesentlichen Anforderungen gewachsen.
c)	Auch unter erschwerten Arbeitsbedingungen und starker Belastung erfüllte sie unsere Erwartungen im Großen und Ganzen in zufrieden stellender Weise.
d)	Auch unter starker Belastung behielt sie meistens die Übersicht, handelte überlegt und bewältigte die wesentlichen Aufgaben in zufrieden stellender Weise.
e)	Sie hielt sich auch bei starkem Arbeitsanfall im Großen und Ganzen an zeitliche Vorgaben.
f)	Sie passte sich den Arbeitssituationen meist ohne Schwierigkeiten an.

4.7.6 Note 6

a)	Sie war bemüht, den üblichen Arbeitsanfall zu bewältigen.
b)	Sie zeigte sich den wesentlichen Anforderungen größtenteils gewachsen.
c)	Auch unter erschwerten Arbeitsbedingungen und starker Belastung bemühte sie sich, unsere Erwartungen im Großen und Ganzen zu erfüllen.
d)	Auch unter starker Belastung versuchte sie meistens, die Übersicht zu behalten, überlegt zu handeln und die wesentlichen Aufgaben zu bewältigen.
e)	Sie war bestrebt, sich den Arbeitssituationen anzupassen.
f)	Auch bei starkem Arbeitsanfall war sie bemüht, gute Arbeitsergebnisse zu erzielen.

4.8 Kriterium: Arbeitsweise

4.8.1 Note 1

a)	Stets arbeitete Frau (Name) äußerst umsichtig, sehr gewissenhaft und genau.
b)	Jederzeit war das Vorgehen von Frau (Name) sehr gut geplant, äußerst zügig und ergebnisorientiert.
c)	Immer arbeitete Frau (Name) äußerst zügig, ergebnisorientiert und präzise.
d)	In allen Situationen agierte Frau (Name) außerordentlich verantwortungsbewusst, zielorientiert und gewissenhaft.
e)	Frau (Name) war jederzeit hoch motiviert und identifizierte sich stets voll mit ihren Aufgaben und dem Unternehmen.
f)	Frau (Name) war eine äußerst engagierte Mitarbeiterin, die alle Aufgaben selbstständig, zielgerichtet und sorgfältig ausführte.

4.8.2 Note 2

a)	Stets arbeitete Frau (Name) sehr umsichtig, gewissenhaft und genau.
b)	Jederzeit war das Vorgehen von Frau (Name) gut geplant, zügig und ergebnisorientiert.
c)	Immer ging Frau (Name) sehr zügig vor, dabei äußerst ergebnisorientiert und präzise.
d)	In allen Situationen agierte Frau (Name) sehr verantwortungsbewusst, zielorientiert und gewissenhaft.
e)	Frau (Name) erledigte ihre Aufgaben sehr ordentlich, schnell und gewissenhaft.
f)	Frau (Name) plante ihre Arbeitsprozesse immer sorgfältig und verantwortungsbewusst.

4.8.3 Note 3

a)	Jederzeit arbeitete Frau (Name) umsichtig, gewissenhaft und genau.
b)	Jederzeit war das Vorgehen von Frau (Name) planvoll, systematisch und ergebnisorientiert.
c)	Immer ging Frau (Name) zügig und dabei ergebnisorientiert und präzise vor.
d)	Jederzeit agierte Frau (Name) verantwortungsbewusst, zielorientiert und gewissenhaft.
e)	Frau (Name) zeigte bei ihrer Arbeit Initiative und Einsatzbereitschaft.
f)	Frau (Name) erledigte ihre Aufgaben stets sorgfältig und genau.

4.8.4 Note 4

a)	Grundsätzlich arbeitete Frau (Name) umsichtig, gewissenhaft und genau.
b)	Im Allgemeinen ging Frau (Name) planvoll, systematisch und ergebnisorientiert vor.
c)	Prinzipiell war das Vorgehen von Frau (Name) zügig, ergebnisorientiert und präzise.
d)	Generell agierte Frau (Name) verantwortungsbewusst, zielorientiert und gewissenhaft.
e)	Frau (Name) bewältigte grundsätzlich ihre Aufgaben mit Sorgfalt und Genauigkeit.
f)	Frau (Name) hat den Anforderungen an Leistungsbereitschaft und Eigeninitiative entsprochen.

4.8.5 Note 5

a)	In den meisten Fällen arbeitete Frau (Name) umsichtig, gewissenhaft und genau.
b)	Vorwiegend ging Frau (Name) planvoll, systematisch und ergebnisorientiert vor.
c)	Größtenteils war das Vorgehen von Frau (Name) zügig, ergebnisorientiert und präzise.
d)	Meistens agierte Frau (Name) im Großen und Ganzen verantwortungsbewusst, zielorientiert und gewissenhaft.
e)	Frau (Name) erledigte die ihr anvertrauten Aufgaben zumeist sorgfältig und genau.
f)	Frau (Name) hat den Anforderungen an Leistungsbereitschaft und Eigeninitiative im Wesentlichen entsprochen.

4.8.6 Note 6

a)	Stets bemühte sich Frau (Name), umsichtig, gewissenhaft und genau zu arbeiten.
b)	Immer versuchte Frau (Name) planvoll, systematisch und ergebnisorientiert vorzugehen.
c)	Jederzeit war Frau (Name) bestrebt, zügig, ergebnisorientiert und präzise zu arbeiten.
d)	Im Großen und Ganzen versuchte Frau (Name), verantwortungsbewusst, zielorientiert und gewissenhaft vorzugehen.
e)	Frau (Name) war zumeist in der Lage, ihre Aufgaben mit Engagement und Eigeninitiative zu erfüllen.
f)	Frau (Name) bemühte sich oft, den Anforderungen an Leistungsbereitschaft und Selbstständigkeit zu entsprechen.

4.9 Kriterium: Zuverlässigkeit

4.9.1 Note 1

a)	Vertrauenswürdigkeit und absolute Zuverlässigkeit zeichneten ihren Arbeitsstil jederzeit aus.
b)	Sie zeichnete sich stets durch ihre außerordentliche Verlässlichkeit aus.
c)	Sie arbeitete jederzeit äußerst zuverlässig und sehr genau.
d)	Sie überzeugte stets durch ihre sehr hohe Zuverlässigkeit.
e)	Sie war in ganz besonders hohem Maße zuverlässig.
f)	Ihre Arbeitsweise war stets geprägt von großem Pflichtbewusstsein und hoher Zuverlässigkeit.

4.9.2 Note 2

a)	Vertrauenswürdigkeit und Zuverlässigkeit zeichneten ihren Arbeitsstil aus.
b)	Sie arbeitete jederzeit zuverlässig und sehr genau.
c)	Sie überzeugte stets durch ihre hohe Zuverlässigkeit.
d)	Sie war in besonderem Maße zuverlässig.
e)	Sie zeichnete sich stets durch große Verlässlichkeit aus.
f)	Wir schätzten sie stets als zuverlässige, pflichtbewusste und ehrliche Mitarbeiterin.

4.9.3 Note 3

a)	Sie arbeitete zuverlässig und genau.
b)	Sie überzeugte durch ihre hohe Zuverlässigkeit.
c)	Sie war stets verlässlich.
d)	Sie zeichnete sich durch ihre hohe Verlässlichkeit aus.
e)	Sie verfügte über eine gute Arbeitsbefähigung, die sie zuverlässig und zügig umsetzte.
f)	Sie arbeitete mit großer Zuverlässigkeit und Genauigkeit.

4.9.4 Note 4

a)	Sie erwies sich in entscheidenden Situationen als zuverlässig.
b)	Sie konnte durch ihre Zuverlässigkeit in entscheidenden Situationen überzeugen.
c)	Sie war verlässlich.
d)	Sie zeichnete sich durch ihre Zuverlässigkeit in einigen wichtigen Situationen aus.
e)	Sie bearbeitete die wichtigsten Aufgaben mit großer Zuverlässigkeit und Sorgfältigkeit.
f)	Ihr Arbeitsstil zeichnete sich bei der Bewältigung aller wesentlichen Aufgaben durch hohe Zuverlässigkeit aus.

4.9.5 Note 5

a)	Sie erwies sich in den entscheidenden Situationen im Großen und Ganzen als zuverlässig.
b)	Sie konnte durch ihre hohe Zuverlässigkeit in den entscheidenden Situationen im Großen und Ganzen überzeugen.
c)	Sie war in den meisten Fällen verlässlich.
d)	Sie zeichnete sich durch ihre Verlässlichkeit in einigen Situationen aus.
e)	Sie bewältigte die entscheidenden Aufgabengebiete in der Regel zuverlässig.
f)	Sie arbeitete grundsätzlich zuverlässig.

4.9.6 Note 6

a)	Sie bemühte sich stets, zuverlässig zu sein.
b)	Sie war um ein zuverlässiges Vorgehen immer sehr bemüht.
c)	Sie zeigte sich stets bereit, zuverlässige Arbeit zu akzeptieren.
d)	Sie versuchte immer, unseren Anforderungen in Bezug auf die erwartete Zuverlässigkeit gerecht zu werden.
e)	Sie bemühte sich stets, ihre Aufgaben sorgfältig zu erfüllen.
f)	Sie arbeitete in der Regel sorgfältig und oft gewissenhaft.

4.10 Kriterium: Arbeitsergebnis

4.10.1 Note 1

a)	Selbst für schwierigste Herausforderungen fand und realisierte sie sehr effektive Lösungen und kam immer zu ausgezeichneten Arbeitsergebnissen.
b)	Auch für schwierigste Herausforderungen fand Frau (Name) sehr effektive Lösungen, die sie jederzeit erfolgreich in die Praxis umsetzte, wodurch sie sehr gute Resultate erzielte.
c)	In allen Situationen erzielte sie ausgezeichnete Arbeitsergebnisse.
d)	Auch für unvorhergesehene Hindernisse und Herausforderungen fand Frau (Name) sehr wirksame Lösungsansätze, die sie stets erfolgreich in die Praxis umsetzte.
e)	Die Qualität ihrer Arbeitsergebnisse lag, auch bei schwierigen Arbeiten, bei objektiv notwendiger Häufung von Herausforderungen sowie bei Termindruck stets sehr weit über unseren Anforderungen.
f)	Frau (Name) fand stets sehr gute und praktikable Lösungen, die sie erfolgreich in der Praxis einsetzte und die den Wert des Unternehmens maßgeblich steigerten.

4.10.2 Note 2

a)	Selbst für schwierige Herausforderungen fand und realisierte sie sehr effektive Lösungen, und sie kam immer zu guten Arbeitsergebnissen.
b)	Auch für schwierige Herausforderungen fand Frau (Name) sehr effektive Lösungen, die sie erfolgreich in die Praxis umsetzte, wodurch sie stets gute Resultate erzielte.
c)	In allen Situationen erzielte Frau (Name) gute Arbeitsergebnisse.
d)	Auch für unvorhergesehene Hindernisse und Herausforderungen fand Frau (Name) wirksame Lösungsansätze, die sie stets erfolgreich in die Praxis umsetzte.
e)	Frau (Name) behielt stets die Umsetzung in die Praxis im Auge, so dass wir schnellstmöglich von den jeweiligen Maßnahmen profitierten.
f)	Frau (Name) erzielte bei ihrer Arbeit immer gute Lösungen.

4.10.3 Note 3

a)	Für schwierige Herausforderungen fand und realisierte Frau (Name) brauchbare Lösungen und kam stets zu zufrieden stellenden Arbeitsergebnissen.
b)	Auch für schwierige Herausforderungen fand Frau (Name) effektive Lösungen, die sie erfolgreich in die Praxis umsetzte, wodurch sie sehr solide Resultate erzielte.
c)	In allen Situationen erzielte Frau (Name) zufrieden stellende Arbeitsergebnisse.
d)	Auch für unvorhergesehene Herausforderungen fand Frau (Name) zufrieden stellende Lösungsansätze, die sie erfolgreich in die Praxis umsetzte.
e)	Frau (Name) erkannte das Wesentliche und zeigte schnell für alle Beteiligten zufrieden stellende Lösungen auf, die sie stets in die Praxis umsetzte.
f)	Die Arbeitsqualität von Frau (Name) war gut, wobei sie die Planungsziele erreichte.

4.10.4 Note 4

a)	Auch für viele schwierige Problemstellungen fand und realisierte Frau (Name) Lösungen und kam so zu weitestgehend zufrieden stellenden Arbeitsergebnissen.
b)	Auch für schwierige Problemstellungen fand Frau (Name) Lösungen, die sie in die Praxis umsetzte, wodurch sie stets solide Resultate erzielte.
c)	In den meisten Situationen erzielte Frau (Name) zufrieden stellende Arbeitsergebnisse.
d)	Auch für unvorhergesehene Probleme fand Frau (Name) Lösungsansätze, die sie in der Regel in die Praxis umsetzen konnte.
e)	Frau (Name)s Arbeitsqualität entsprach unseren Anforderungen.
f)	In den meisten Situationen war die Arbeit von Frau (Name) von zufrieden stellender Qualität.

4.10.5 Note 5

a)	Für einfache Problemstellungen fand und realisierte Frau (Name) Lösungen, und sie kam im Großen und Ganzen zu brauchbaren Arbeitsergebnissen.
b)	Für einfache Problemstellungen fand Frau (Name) Lösungen, die sie oft auch in die Praxis umsetzte, wodurch sie im Großen und Ganzen solide Resultate erzielte.
c)	In den meisten Situationen erzielte Frau (Name) im Großen und Ganzen solide Arbeitsergebnisse.
d)	Auch bei unvorhergesehenen Problemen arbeitete Frau (Name) an Lösungsansätzen, die wir in die Praxis um setzen konnten.
e)	Frau (Name)s Arbeitsqualität entsprach im Großen und Ganzen unseren Anforderungen.
f)	Frau (Name) bemühte sich, ihre Fachkenntnisse auf zufrieden stellende Weise in der Praxis einzusetzen.

4.10.6 Note 6

a)	Für einfache Problemstellungen suchte Frau (Name) Lösungen, so dass sie im Großen und Ganzen zu brauchbaren Arbeitsergebnissen kam.
b)	Für einfache Problemstellungen suchte Frau (Name) Lösungen, deren Umsetzung in die Praxis sie anstrebte, wodurch sie im Großen und Ganzen Resultate im Rahmen unserer Erwartungen erzielte.
c)	In den meisten Situationen bemühte sich Frau (Name) um solide Arbeitsergebnisse.
d)	Auch bei unvorhergesehenen Problemen arbeitete Frau (Name) an Lösungsansätzen, deren Umsetzung in die Praxis sie anstrebte.
e)	Frau (Name)s Arbeitsqualität entsprach meistens unseren Anforderungen.
f)	Frau (Name) bemühte sich, ihre Fachkenntnisse in der Praxis einzusetzen.

4.11 Kriterium: Führungsfähigkeit

4.11.1 Note 1

a)	Ihre Mitarbeiterinnen und Mitarbeiter motivierte und überzeugte sie durch einen kooperativen Führungsstil. Frau (Name) war als Vorgesetzte jederzeit voll anerkannt, wobei ihr Team unsere hohen Erwartungen nicht nur erfüllte, sondern oftmals sogar übertraf.
b)	Aufgrund ihres kooperativen Führungsstils wurde Frau (Name) von ihren Mitarbeiterinnen und Mitarbeitern, die unter ihrer Anleitung jederzeit hervorragende Leistungen erzielten, stets sehr anerkannt und respektiert.
c)	Sie motivierte und überzeugte ihre Mitarbeiterinnen und Mitarbeiter durch einen kooperativen Führungsstil. Frau (Name) war als Vorgesetzte jederzeit voll anerkannt, wobei sie mit ihrem Team unsere hohen Erwartungen stets erfüllte.
d)	Sie überzeugte ihre Mitarbeiterinnen und Mitarbeiter nachhaltig und förderte stets die reibungslose Zusammenarbeit. Frau (Name) informierte ihr Team, regte Weiterbildungsmaßnahmen an, delegierte Aufgaben und Verantwortung sinnvoll und erreichte so ein außerordentlich hohes Abteilungsergebnis.
e)	Sie motivierte ihr Team durch einen straffen Führungsstil zu anhaltend sehr guten Ergebnissen, wobei sie als Vorgesetzte jederzeit und allseits sehr anerkannt wurde.
f)	Frau (Name) führte ihr Team durch ihr Vorbild an Tatkraft und mit Hilfe ihres kooperativen Führungsstils stets zu sehr guten Leistungen.

4.11.2 Note 2

a)	Von ihren Mitarbeiterinnen und Mitarbeitern wird sie anerkannt und geschätzt, wobei sie sie entsprechend ihrer Fähigkeiten einsetzte und mit ihnen gute Ergebnisse erzielte.
b)	Ihr Team erreichte unter ihrer sach- und personenbezogenen Anleitung jederzeit gute Ergebnisse. Bei Vorgesetzten wie Mitarbeitern fanden ihre Führungsqualitäten volle Anerkennung.
c)	Sie überzeugte ihre Mitarbeiterinnen und Mitarbeiter und förderte die Zusammenarbeit. Frau (Name) informierte ihr Team, regte Weiterbildungsmaßnahmen an, delegierte Aufgaben und Verantwortung sinnvoll und erreichte so ein hohes Abteilungsergebnis.
d)	Sie motivierte ihr Team zu guten Ergebnissen, wobei sie als Vorgesetzte jederzeit sehr respektiert wurde.
e)	Ihr Team erreichte unter ihrer sach- und personenbezogenen Anleitung stets gute Ergebnisse. Bei Vorgesetzten wie Mitarbeitern fanden ihre Führungsqualitäten volle Anerkennung.
f)	Frau (Name) motivierte und führte ihre Mitarbeiterinnen und Mitarbeiter stets zu guten Leistungen.

4.11.3 Note 3

a)	Ihre Mitarbeiterinnen und Mitarbeiter führte Sie zielbewusst zu überdurchschnittlichen Leistungen.
b)	Sie war jederzeit in der Lage, ihre Mitarbeiterinnen und Mitarbeiter zu motivieren und zu sehr soliden Ergebnissen zu führen.
c)	Sie pflegte einen kooperativen Führungsstil und erzielte mit ihrem Team sehr zufrieden stellende Ergebnisse.
d)	Sie war als Vorgesetzte anerkannt und führte ihr Team sach- und personenbezogen zu stets zufrieden stellenden Leistungen.
e)	Frau (Name) verstand es, ihre Mitarbeiterinnen und Mitarbeiter entsprechend ihren Fähigkeiten einzusetzen und sie zu motivieren.
f)	Frau (Name) verstand es, ihre Mitarbeiter zu motivieren, und förderte aktiv die Zusammenarbeit. Sie informierte die Mitarbeiter umfassend und delegierte Aufgaben und Verantwortung.

4.11.4 Note 4

a)	Sie war in der Lage, ihre Mitarbeiterinnen und Mitarbeiter sachgerecht anzuleiten.
b)	Sie motivierte ihre Mitarbeiterinnen und Mitarbeiter und erreichte so befriedigende Leistungen.
c)	Sie motivierte ihre Mitarbeiterinnen und Mitarbeiter zu zufrieden stellenden Leistungen.
d)	Bei Bedarf leitete sie ihre Mitarbeiterinnen und Mitarbeiter fachlich an und führte sie zu soliden Ergebnissen.
e)	Sie verstand es, ihre Mitarbeiterinnen und Mitarbeiter entsprechend ihren Fähigkeiten ordnungsgemäß einzusetzen und sie sachgerecht zu motivieren.
f)	Frau (Name) war aufgrund ihres kooperativen Führungsstils in der Lage, ihre Mitarbeiterinnen und Mitarbeiter sachgerecht anzuleiten und sie ordnungsgemäß zu führen.

4.11.5 Note 5

a)	Ihren Mitarbeiterinnen und Mitarbeitern war sie eine verständnisvolle Vorgesetzte.
b)	Sie wurde von ihren Mitarbeiterinnen und Mitarbeitern anerkannt und bewältigte im Wesentlichen die ihrer Abteilung vorgegeben Ziele.
c)	Sie war als Vorgesetzte anerkannt und führte ihr Team im Großen und Ganzen zu zufrieden stellenden Leistungen.
d)	Sie war ihrem Team eine verständnisvolle, angenehme und sehr entgegenkommende Vorgesetzte.
e)	Sie war in der Lage, ihren Mitarbeiterinnen und Mitarbeitern die in ihrer Abteilung vorgegebenen Ziele im Wesentlichen zu vermitteln und sie bei der Umsetzung der Ziele sachgerecht anzuleiten.
f)	Sie war aufgrund ihres kooperativen Führungsstils in der Lage, ihre Mitarbeiterinnen und Mitarbeiter zur Bewältigung der wesentlichen Unternehmensziele zu motivieren.

4.11.6 Note 6

a)	Sie bemühte sich stets um die Anerkennung seitens ihrer Mitarbeiterinnen und Mitarbeiter.
b)	Sie war stets bestrebt, ihr Team zu den von uns erwarteten Leistungen zu führen.
c)	Sie konnte ihr Team in den meisten Fällen motivieren und war bestrebt, jeden Mitarbeiter zu guten Leistungen zu führen.
d)	Sie versuchte immer, ihren Mitarbeitern eine verständnisvolle und angenehme Vorgesetzte zu sein.
e)	Sie kontrollierte die Arbeitsweise ihrer Mitarbeiterinnen und Mitarbeiter im Wesentlichen zutreffend.
f)	Sie bemühte sich, ihre Mitarbeiterinnen und Mitarbeiter zu rationellem Arbeiten anzuleiten.

4.12 Kriterium: Zusammenfassende Leistungsbeurteilung

4.12.1 Note 1

a)	Sie hat die ihr übertragenen Aufgaben stets zu unserer vollsten Zufriedenheit erfüllt.
b)	Frau (Name) hat unsere sehr hohen Erwartungen stets in allerbester Weise erfüllt und teilweise sogar übertroffen.
c)	Frau (Name) hat alle Aufgaben stets zur vollsten Zufriedenheit erfüllt.
d)	Wir waren mit den Leistungen von Frau (Name) stets und in jeder Hinsicht sehr zufrieden.
e)	Frau (Name)s Leistungen haben stets und in jeder Hinsicht unsere volle Anerkennung gefunden.
f)	Wir waren mit den Leistungen von Frau (Name) stets und in jeder Hinsicht außerordentlich zufrieden.

4.12.2 Note 2

a)	Sie hat die ihr übertragenen Aufgaben stets zu unserer vollen Zufriedenheit erfüllt.
b)	Wir waren mit den Leistungen von Frau (Name) jederzeit sehr zufrieden.
c)	Frau (Name) hat alle Arbeiten stets zu unserer uneingeschränkten vollen Zufriedenheit erfüllt.
d)	Ihre Leistungen haben immer unsere volle Anerkennung gefunden.
e)	Frau (Name) hat unsere hohen Erwartungen in bester Weise erfüllt.
f)	Frau (Name) hat alle Aufgaben stets zu unserer vollen Zufriedenheit erfüllt.

4.12.3 Note 3

a)	Sie hat die ihr übertragenen Aufgaben jederzeit zu unserer Zufriedenheit bewältigt.
b)	Frau (Name) hat unseren Erwartungen stets in zufrieden stellender Weise entsprochen.
c)	Die Leistungen von Frau (Name) waren voll zufrieden stellend.
d)	Die ihr übertragenen Aufgaben erledige sie stets zu unserer Zufriedenheit.
e)	Frau (Name) hat die ihr übertragenen Aufgaben stets zu unserer Zufriedenheit bewältigt.
f)	Wir waren jederzeit mit den Leistungen von Frau (Name) voll zufrieden.

4.12.4 Note 4

a)	Sie hat die ihr übertragenen Aufgaben zu unserer Zufriedenheit erledigt.
b)	Mit Frau (Name)s Leistungen waren wir zufrieden.
c)	Frau (Name) hat unseren Erwartungen entsprochen.
d)	Frau (Name)s Leistungen werden zusammengefasst als ausreichend bewertet.
e)	Frau (Name) hat ihre Aufgaben zufrieden stellend bewältigt.
f)	Frau (Name)s Leistungen haben unseren Erwartungen entsprochen.

4.12.5 Note 5

a)	Frau (Name) hat die ihr übertragenen Aufgaben im Großen und Ganzen zu unserer Zufriedenheit erledigt.
b)	Frau (Name) hat die ihr übertragenen Aufgaben überwiegend zu unserer Zufriedenheit erledigt.
c)	Frau (Name) hat unsere Erwartungen im Wesentlichen erfüllt.
d)	Frau (Name) führte die ihr übertragenen Aufgaben mit Fleiß und Interesse durch.
e)	Frau (Name) war stets bemüht, die Arbeiten zu unserer vollen Zufriedenheit zu erledigen.
f)	Frau (Name)s Leistungen haben unseren Erwartungen in etwa entsprochen.

4.12.6 Note 6

a)	Frau (Name) zeigte für ihre Arbeit großes Verständnis und Interesse.
b)	Frau (Name) hat sich bemüht, den Anforderungen gerecht zu werden.
c)	Neue Aufgaben betrachtete Frau (Name) stets als Herausforderung, der sie sich mutig stellte.
d)	Frau (Name) versuchte immer mit großem Eifer, unsere Erwartungen zu erfüllen.
e)	Frau (Name) hat ihre Aufgaben zu unserer Zufriedenheit zu erledigen versucht.
f)	Frau (Name) zeigte für ihre Aufgabengebiete Verständnis und Interesse.

4.13 Kriterium: Persönliche Führung

4.13.1 Note 1

a)	Wegen ihres allzeit sicheren, dabei frischen und verbindlichen Auftretens war Frau (Name) eine allseits sehr geschätzte Ansprechpartnerin. Ihr Verhalten zu Vorgesetzten, Mitarbeitern und Kunden war immer vorbildlich.
b)	Mit allen Ansprechpartnern kam Frau (Name) sehr gut zurecht und begegnete ihnen immer mit ihrer freundlichen, kooperativen und zuvorkommenden Art. Ihr Verhalten gegenüber Vorgesetzten, Kollegen und Externen war jederzeit vorbildlich.
c)	Wegen ihres stets freundlichen und ausgeglichenen Wesens wurde Frau (Name) allseits sehr geschätzt, wobei sie stets aktiv die gute Zusammenarbeit und leistungsgerechte Teamatmosphäre förderte. Das Verhalten von Frau (Name) war immer vorbildlich.
d)	Jederzeit trat Frau (Name) sehr natürlich, höflich und verbindlich auf, wodurch sie jederzeit aktiv die gute Zusammenarbeit und Teamatmosphäre förderte. Ihr Verhalten zu Vorgesetzten, Mitarbeitern und Kunden war stets vorbildlich.
e)	Frau (Name)s Verhalten zu Vorgesetzten, Mitarbeitern und Kunden war stets vorbildlich und loyal.
f)	Das Verhalten von Frau (Name) war immer vorbildlich. Bei Vorgesetzten, Kollegen und Kunden war sie sehr geschätzt. Frau (Name) förderte aktiv die Zusammenarbeit, übte und akzeptierte sachliche Kritik, war stets hilfsbereit und stellte, falls erforderlich, auch persönliche Interessen zurück.

4.13.2 Note 2

a)	Wegen ihres sicheren, dabei frischen und verbindlichen Auftretens war Frau (Name) eine allseits geschätzte Ansprechpartnerin. Ihr Verhalten war vorbildlich.
b)	Mit allen Ansprechpartnern kam Frau (Name) gut zurecht und begegnete ihnen stets mit ihrer freundlichen, offenen und zuvorkommenden Art. Ihr Verhalten gegenüber Vorgesetzten, Kollegen und Kunden war stets einwandfrei.
c)	Wegen ihres freundlichen und ausgeglichenen Wesens wurde Frau (Name) allseits sehr geschätzt, wobei sie stets aktiv die gute Zusammenarbeit und Teamatmosphäre förderte. Ihr Verhalten gegenüber Vorgesetzten, Kollegen und Kunden war jederzeit einwandfrei.
d)	Jederzeit trat Frau (Name) natürlich, höflich und verbindlich auf, wodurch sie stets aktiv die gute Zusammenarbeit und Teamatmosphäre förderte. Ihr persönliches Verhalten war gut.
e)	Das Verhalten von Frau (Name) ist vorbildlich. Bei Vorgesetzten, Kollegen und Kunden war sie sehr geschätzt.
f)	Das Verhalten von Frau (Name) gegenüber Vorgesetzten, ihre Integration im Kollegenkreis und ihr offener Zugang zu den Mitarbeitern war stets einwandfrei. Besonders hervorzuheben ist ihre Eigenschaft, bei komplizierten Entscheidungen den Konsens zu suchen und zu finden.

4.13.3 Note 3

a)	Wegen ihres freundlichen, höflichen und hilfsbereiten Auftretens war Frau (Name) eine geschätzte Ansprechpartnerin.
b)	Von allen Ansprechpartnern wurde Frau (Name) wegen ihres freundlichen und konzilianten Auftretens geschätzt.
c)	Wegen ihres freundlichen und ausgeglichenen Wesens wurde Frau (Name) allseits geschätzt, wobei sie aktiv die gute Zusammenarbeit und Teamatmosphäre förderte.
d)	Durch ihre natürliche, höfliche und verbindliche Art förderte Frau (Name) aktiv die gute Zusammenarbeit und die Teamatmosphäre.
e)	Frau (Name) konnte fachlich und persönlich überzeugen und erwarb sich die Anerkennung ihrer Vorgesetzten, Kollegen und Kunden.
f)	Das Verhalten von Frau (Name) gegenüber Vorgesetzten, Mitarbeitern und Kunden war einwandfrei.

4.13.4 Note 4

a)	Mit ihren Kollegen kam Frau (Name) zurecht.
b)	Wegen ihres freundlichen Auftretens wurde Frau (Name) von den meisten Ansprechpartnern geschätzt.
c)	Wegen ihres freundlichen und ausgeglichenen Wesens wurde Frau (Name) geschätzt, wobei sie die Zusammenarbeit und Teamatmosphäre immer förderte.
d)	Durch natürliches und korrektes Auftreten förderte Frau (Name) die Zusammenarbeit und die Teamatmosphäre.
e)	Frau (Name) hatte stets ein gutes Verhältnis zu ihren Kollegen, was zu einem produktiven Arbeits- und Betriebsklima führte.
f)	Das Verhalten von Frau (Name) gab zu Beanstandungen keinen Anlass.

4.13.5 Note 5

a)	Stets bemühte sich Frau (Name), mit den Kollegen einen freundschaftlichen und respektvollen Umgang zu pflegen.
b)	Wegen ihres freundlichen Auftretens war Frau (Name) im Großen und Ganzen geschätzt.
c)	Wegen ihres freundlichen und ausgeglichenen Wesens wurde Frau (Name) akzeptiert, wobei sie die Zusammenarbeit und Teamatmosphäre immer aktiv zu fördern versuchte.
d)	Durch korrektes Auftreten förderte Frau (Name) die Zusammenarbeit und Teamatmosphäre.
e)	Frau (Name)s persönliches Verhalten war im Wesentlichen einwandfrei.
f)	Frau (Name) Zusammenarbeit mit Vorgesetzten und Kollegen war im Großen und Ganzen zufrieden stellend.

4.13.6 Note 6

a)	Mit den Kollegen bemühte sich Frau (Name), einen freundschaftlichen und respektvollen Umgang zu pflegen.
b)	Wegen ihres freundlichen Auftretens wurde Frau (Name) im Großen und Ganzen akzeptiert.
c)	Wegen ihres meist freundlichen und ausgeglichenen Wesens wurde Frau (Name) akzeptiert, wobei sie die Zusammenarbeit und Teamatmosphäre immer aktiv zu fördern versuchte.
d)	Durch korrektes Auftreten bemühte sich Frau (Name) stets, die Zusammenarbeit und Teamatmosphäre zu fördern.
e)	Das Verhalten von Frau (Name) gegenüber ihren Vorgesetzten und Mitarbeitern war im Wesentlichen einwandfrei.
f)	Das Verhalten von Frau (Name) war nicht frei von Beanstandungen. Sie hatte Probleme, sich in die Teamarbeit einzufügen.

4.14 Beendigungsgrund

a)	Frau (Name) verlässt unser Unternehmen mit dem heutigen Tage auf eigenen Wunsch.
b)	Frau (Name) verlässt unser Unternehmen mit dem heutigen Tage auf eigenen Wunsch, um eine neue Herausforderung anzunehmen.
c)	Leider können wir Frau (Name) aufgrund der derzeit sehr schwierigen konjunkturellen Situation, die auch unser Unternehmen betrifft, keine Perspektive mehr bieten. Das Arbeitsverhältnis mit Frau (Name) endet daher aus betriebsbedingten Gründen.
d)	Das Arbeitsverhältnis mit Frau (Name) endet aus betriebsbedingten Gründen.
e)	Aufgrund tief greifender Umstrukturierungen, die auch die Position von Frau (Name) betreffen, endet ihr Arbeitsverhältnis mit dem heutigen Tag aus betriebsbedingten Gründen.
f)	Das Arbeitsverhältnis mit Frau (Name) endet im besten beiderseitigen Einvernehmen.
g)	Das Arbeitsverhältnis mit Frau (Name) endet im besten beiderseitigen Einvernehmen per Aufhebungsvertrag.
h)	Frau (Name) verlässt unser Unternehmen, weil sie innerhalb des Konzerns in eine andere Tochtergesellschaft wechselt.
i)	Das Arbeitsverhältnis mit Frau (Name) endet mit dem heutigen Tagen im besten beiderseitigen Einvernehmen per Aufhebungsvertrag, weil Frau (Name) eine neue Herausforderung annehmen möchte.
j)	Frau (Name) verlässt unser Unternehmen mit dem heutigen Tage, um in den Ruhestand zu wechseln.

4.15 Kriterium: Schlussformulierung

4.15.1 Note 1

a)	Wir bedanken uns für die stets sehr gute, langjährige Zusammenarbeit und bedauern Frau (Name)s Ausscheiden sehr. Wir wünschen Frau (Name) beruflich und persönlich alles Gute, viel Glück und Erfolg.
b)	Es ist uns ein Anliegen, Frau (Name) für ihre Mitarbeit unseren besonderen Dank auszusprechen. Für ihre berufliche und persönliche Zukunft wünschen wir ihr weiterhin viel Erfolg und persönlich alles Gute.
c)	Wir bedauern ihre Entscheidung außerordentlich, weil wir mit ihr eine wertvolle Führungskraft verlieren. Wir bedanken uns bei ihr für ihre zu jeder Zeit sehr gute Arbeit und wünschen ihr für ihre berufliche wie persönliche Zukunft alles Gute und weiterhin viel Erfolg.
d)	Wir danken Frau (Name) für die hervorragende Zusammenarbeit mit unserem Unternehmen, bedauern ihr Ausscheiden außerordentlich und wünschen ihr auf ihrem weiteren Berufs- und Lebensweg alles Gute und weiterhin viel Erfolg.
e)	Gleichwohl bedanken wir uns für ihre geleistete hervorragende Aufbauarbeit und wünschen ihr für die Zukunft alles Gute und weiterhin viel Erfolg. Falls erforderlich und möglich, würden wir jederzeit auf sie als externe Beraterin zurückgreifen.
f)	Wir bedauern diese Entwicklung außerordentlich, weil wir mit Frau (Name) eine wertvolle Führungskraft verlieren. Wir bedanken uns bei ihr für ihre zu jeder Zeit sehr gute Arbeit und wünschen ihr für ihre berufliche wie persönliche Zukunft alles Gute und weiterhin viel Erfolg.

4.15.2 Note 2

a)	Wir bedauern ihren Entschluss sehr, danken ihr für ihre wertvollen Dienste und wünschen ihr für ihre berufliche wie persönliche Zukunft alles Gute und weiterhin viel Erfolg.
b)	Wir bedauern ihr Ausscheiden sehr, da wir mit ihr eine gute Fachkraft verlieren. Wir können sie als Mitarbeiterin sehr empfehlen und danken ihr für ihre stets guten Leistungen. Für ihren weiteren Berufs- und Lebensweg wünschen wir ihr alles Gute und weiterhin viel Erfolg.
c)	Wir bedanken uns für die stets gute Zusammenarbeit und bedauern, mit ihr eine für uns wertvolle Führungspersönlichkeit zu verlieren. Wir wünschen Frau (Name) für ihren weiteren Berufs- und Lebensweg alles Gute und viel Erfolg.
d)	Gleichwohl bedauern wir ihren Weggang sehr, danken Frau (Name) für ihre guten Leistungen und wünschen ihr für ihre Zukunft beruflich wie persönlich alles Gute und weiterhin viel Erfolg.
e)	Wir bedauern ihr Ausscheiden, bedanken uns für ihre konstruktive Mitarbeit und wünschen ihr für ihre berufliche und private Zukunft weiterhin viel Erfolg und alles Gute.
f)	Für ihre loyalen Dienste danken wir Frau (Name), für ihre berufliche wie persönliche Zukunft wünschen wir ihr alles Gute und weiterhin viel Erfolg.

4.15.3 Note 3

a)	Wir bedauern ihr Ausscheiden, da wir mit ihr eine gute Fachkraft verlieren, und danken ihr für ihre allzeit zufrieden stellenden Leistungen. Für ihren weiteren Berufs- und Lebensweg wünschen wir ihr alles Gute und viel Erfolg.
b)	Wir bedauern ihren Entschluss, danken Frau (Name) für ihre Mitarbeit und wünschen ihr für ihre Zukunft alles Gute und weiterhin Erfolg.
c)	Wir danken Frau (Name) für die Zusammenarbeit und bedauern ihren Entschluss. Für die Zukunft wünschen wir ihr alles Gute.
d)	Gleichwohl bedauern wir ihren Weggang, danken Frau (Name) für ihre Mitarbeit und wünschen ihr für ihre Zukunft beruflich wie persönlich alles Gute und weiterhin viel Erfolg.
e)	Wir danken Frau (Name) für die Zusammenarbeit und bedauern ihren Entschluss. Für die Zukunft wünschen wir ihr alles Gute.
f)	Für ihre Dienste danken wir Frau (Name), für ihre berufliche wie persönliche Zukunft wünschen wir ihr alles Gute und weiterhin viel Erfolg.

4.15.4 Note 4

a)	Wir danken Frau (Name) für ihre Mitarbeit und wünschen ihr für ihre Zukunft beruflich wie persönlich alles Gute und weiterhin viel Erfolg.
b)	Für ihre Mitarbeit bedanken wir uns und wir wünschen Frau (Name) für ihren beruflichen Lebensweg alles Gute.
c)	Wir danken ihr für ihre Tätigkeit. Für die Zukunft wünschen wir ihr alles Gute.
d)	Wir bedanken uns für ihre Arbeit und wünschen ihr für ihre weitere Zukunft viel Erfolg.
e)	Wir danken ihr für die Tätigkeit in unserem Unternehmen und wünschen ihr für die Zukunft viel Erfolg.
f)	Für ihre Tätigkeit in unserem Hause danken wir ihr und wünschen ihr für ihren weiteren Lebensweg beruflich und persönlich alles Gute und weiterhin Erfolg.

4.15.5 Note 5

a)	Wir wünschen ihr für die Zukunft alles Gute.
b)	Für die Zukunft wünschen wir ihr beruflich wie persönlich alles Gute und weiterhin viel Erfolg.
c)	Wir wünschen ihr für ihren weiteren Lebensweg alles Gute.
d)	Wir wünschen ihr viel Erfolg.
e)	Wir wünschen ihr für ihren weiteren Lebensweg alles Gute.
f)	Sowohl in beruflichen Dingen als auch für den privaten Lebensweg wünschen wir ihr alles Gute.

4.15.6 Note 6

a)	Wir bedauern, auf die weitere Zusammenarbeit mit Frau (Name) verzichten zu müssen. Unsere besten Wünsche sind mit ihr.
b)	Wir wünschen Frau (Name), dass sie ihre Leistungsfähigkeit zukünftig voll entfalten kann.
c)	Wir wünschen Frau (Name) auch Erfolg für die Zukunft.
d)	Wir wünschen Frau (Name) Erfolg für ihren beruflichen Lebensweg.
e)	./.
f)	./.

5 Tätigkeitsbeschreibungen

Hier finden Sie alle Tätigkeitsbeschreibungen vom Praktikanten bis zum Vorstandsvorsitzenden für Ihre Mitarbeiter, aufgeteilt in die Gruppen:

1. Auszubildende, Trainees und Praktikanten
2. gewerbliche Arbeitnehmer
3. Angestellte
4. Führungskräfte

Wählen Sie aus diesen Gruppen die passende Tätigkeitsbeschreibung aus und kopieren Sie diese in Ihre Zeugnisdatei. Dann tragen Sie den Namen Ihres Mitarbeiters an der dafür vorgesehenen Stelle ein. Lassen Sie anschließend den Fachvorgesetzten und Ihren Mitarbeiter die Tätigkeitsbeschreibung durchsehen, um sie an das individuelle Tätigkeitsprofil Ihres Mitarbeiters anzupassen.
Viele weitere Tätigkeitsbeschreibungen nach Berufsgruppen und Geschlecht sortiert finden Sie auf der CD-ROM.

5.1 Auszubildende, Trainees und Praktikanten

5.1.1 Altenpflegerin

In unserer Einrichtung war Frau (Name) für folgende Bereiche verantwortlich:

- Ausführung von Grundpflegemaßnahmen und Hilfe bei der Verrichtung des täglichen Lebens. Dazu zählten die regelmäßige und fachgerechte Umbettung pflegebedürftiger Menschen, Durchführung von Vorbeugemaßnahmen z. B. gegen Thrombose oder Dekubitus
- Hilfe bei der Körperpflege, beim An- und Auskleiden, bei der Versorgung mit Nahrungsmitteln und ggf. beim Essen
- Die Aktivierung der Betreuten zu regelmäßiger Bewegung und die Anleitung zu Bewegungs- und Atemübungen
- Mitarbeit bei der Zusammenstellung und Verabreichung der ärztlich verordneten Medikamente
- Durchführung spezieller Pflegemaßnahmen wie Einläufe, Spülungen, Verbände wechseln und Salben einreiben
- Mitwirkung bei Maßnahmen der therapeutischen Rehabilitation wie etwa krankengymnastische Übungen
- Dokumentation von Pflegemaßnahmen
- Zusammenarbeit mit den behandelnden Ärzten
- Beratung in Fragen der Gesundheitsvorsorge
- Führung helfender Gespräche zur Förderung der zwischenmenschlichen Beziehung und zur Vorbeugung von Isolation und Einsamkeit
- Unterweisung von Angehörigen in der Handhabung von Hilfsmitteln wie Rollstühle, Gehhilfen oder Spezialbetten
- Mitwirkung bei der Organisation der Nachlassabwicklung
- Abfassen von Berichten
- Abrechnung von Pflegeleistungen

5.1.2 Anlagenmechaniker

Zu den Hauptaufgaben von Herrn (Name) in unserem Betrieb zählten:

- Herstellung von Rohrleitungsstücken und Rohrleitungssystemen sowie deren Vormontage
- Bedienung von Metallverarbeitungsmaschinen unter Anwendung verschiedener Metallbearbeitungs- und Verbindungstechniken
- Zuschneiden von Rohren und Blechen durch Sägen, Brennschneiden und Stanzen
- Herstellung von Rohrformstücken durch Kalt- und Warmbiegen, Aufweiten, Aushalsen und Gewindeschneiden
- Umformen von Blechteilen für Lüftungskanäle und Zurichtung von Flügelflächen
- Vormontage von Baugruppen im Werkstattbereich durch Verschweißen oder Löten von Rohrleitungsteilen
- Einbau von Armaturen wie Absperr- und Regelventile
- Einbau von Messgeräten wie Manometer oder Temperaturfühler oder Steueranlagen
- Dichtheitsprüfungen von Schweißnähten unter hohem Druck
- Anbringung von Korrosionsschutz, Dämmungen und das Auskleiden von Rohrleitungen
- Instandhaltung von versorgungstechnischen Anlagen und die Sanierung von Rohrleitungssystemen
- Ortung von Leckstellen in Leitungssystemen mit speziellen Lecksuchgeräten

5.1.3 Anlagenmechaniker für Sanitär-, Heizungs- und Klimatechnik (Handwerk)

Für folgende Bereiche war Herr (Name) besonders verantwortlich:

- Geeignete Rohre, Formstücke, Armaturen, Bleche, Profile auswählen
- Maße aus den technischen Unterlagen übernehmen und auf Bauteile übertragen

- Rohrformstücke wie Bögen, Abzweigungen herstellen, und zwar durch Kalt- und Warmbiegen, Aufweiten, Aushalsen, Gewindeschneiden
- Benötigte Bauteile und Werkzeuge bereitstellen, transportieren und Arbeitsplatz einrichten
- Rohrleitungen und Bauteile von Ver- und Entsorgungsanlagen montieren
- Rohrverlegung vorbereiten (z. B. Mauer- und Deckendurchbrüche)
- Rohrleitungen und Blechbauteile verschweißen, löten oder verschrauben und befestigen
- Steuer- und Regelungssysteme, Sicherheits- und Überwachungseinrichtungen wie Absperr-, Regelventile, Temperaturfühler, Druckmessgeräte installieren, einstellen und prüfen
- Heizkörper installieren
- Sanitäre Einrichtungen (Waschbecken, Duschen, Toiletten) montieren
- Bauteile dämmen, isolieren bzw. abdichten
- Dichtheitsprüfungen durchführen
- Elektrische Anschlüsse von Komponenten versorgungstechnischer Anlagen und Systeme herstellen und elektrische Baugruppen und Komponenten in versorgungstechnische Anlagen und Systeme installieren und prüfen
- Serviceleistungen durchführen (Funktionen versorgungstechnischer Anlagen prüfen, Anlagen einstellen und optimieren)
- Bei Störungen Fehler suchen, analysieren und defekte Teile austauschen
- Kunden beraten und betreuen, z. B. über Produkte und Dienstleistungsangebote des Betriebes informieren

5.1.4 Bauten- und Objektbeschichter (Handwerk)

Herr (Name) wurde in alle von der Handwerksordnung (HwO) geforderten Ausbildungselemente eingearbeitet, er war besonders für folgende Tätigkeiten verantwortlich:

- Untergründe von Böden prüfen, bewerten und für Beschichtungen vorbereiten

- Alte Anstriche und Farbschichten entfernen
- Risse und Vertiefungen mit Spachtelmasse u. a. ausgleichen
- Grundierungen aufbringen
- Schutzmaßnahmen für Flächen und Objekte durchführen, die nicht zu bearbeiten sind, z. B. mit Folien oder Planen abdecken
- Oberflächen behandeln, bekleiden, beschichten und gestalten
- Metalloberflächen (z. B. Heizkörper) mit Entrostungsmitteln behandeln, anschließend Korrosionsschutzmittel auftragen und lackieren
- Estriche, Keller-, Außenwände streichen, spritzen und wasserhemmende Anstriche aufbringen
- Innen-, Außenwände, Decken in verschiedenen Techniken farbig gestalten, Schriften gestalten, Innenwände tapezieren
- Fensterrahmen, Holzverkleidungen lasieren oder lackieren
- Putz-, Dämm-, Trockenbauarbeiten durchführen
- Messungen (Raumtemperatur- und Luftfeuchtigkeit) ausführen und Messergebnisse für die weiteren Arbeiten in Betracht ziehen
- Geräte, Werkzeuge, Maschinen, Anlagen für den jeweiligen Arbeitsauftrag auswählen, einrichten und bedienen
- Arbeitsgerüste auf- und abbauen, Werkzeuge und Maschinen reinigen

5.1.5 Bestatter

Herr (Name) war für folgende Tätigkeiten verantwortlich:

- Die Hinterbliebenen über unterschiedlichste Bestattungsarten beraten, gemeinsames Festlegen des Bestattungsablaufes: Organisation und Ablauf der Trauerfeier festlegen
- Trauerbriefe, Todesanzeigen, Nachrufe und Danksagungen formulieren, gestalten und liefern
- Behördliche und kirchliche Formalitäten für Bestattungen regeln, Trauerfeierlichkeiten und Bestattung mit Vertretern der Kirche oder Glaubensgemeinschaft abstimmen
- Bestattungswäsche, Särge, Zinkeinsatzsärge, Sargausstattungen, Urnen und andere Gebrauchsgegenstände herrichten
- Räume und Gräber für die Feierlichkeiten schmücken

- Umbettungen und Exhumierungen organisieren und durchführen
- Grabstellen eigenverantwortlich anlegen
- Verstorbene in die Leichenhalle überführen, reinigen, waschen, desinfizieren, rasieren, frisieren, aufbahren und einsargen
- Kondolenzbücher auslegen, Kondolenzkarten sammeln, Blumenspenden erfassen
- Urnenbeisetzungen durchführen
- Kaufmännische Arbeiten unter Aufsicht ausführen
- Rechnungen erstellen: mit Versicherungen und Krankenkassen abrechnen

5.1.6 Chemielaborantin

In unserem Ausbildungsbetrieb war Frau (Name) hauptsächlich für folgende Tätigkeiten zuständig:
- Planung von Versuchsabläufen
- Aufbau von Apparaturen
- Analyse von organischen und anorganischen Stoffen hinsichtlich ihrer qualitativen und quantitativen Zusammensetzung
- Durchführung von Photometrischen Bestimmungen
- Reinigen, charakterisieren und identifizieren von Stoffen
- Herstellung organischer und anorganischer Präparate
- Trennung von Stoffgemischen wie etwa elektrophoretische Proteingemische oder chromatografische Stoffgemische
- Entwicklung und Optimierung von Analyse- und Herstellungsverfahren
- Einrichtung von Laborgeräten, Bedienung von Laborcomputern
- Dokumentation von Versuchsergebnissen
- Beobachtung der Entwicklung neuer labortechnischer Verfahren

5.1.7 Elektroinstallateur

In unserem Unternehmen war Herr (Name) für folgende Tätigkeiten zuständig:

- Verlegen, Befestigen und Bündeln von Kabeln, Leitungen und Installationssystemen sowohl der elektrischen Energietechnik wie auch der Kommunikationstechnik
- Installation von Schaltern, Steckdosen, Stromkreisverteilern und anderer Schalt- und Verteilereinrichtungen
- Mitarbeit bei der Errichtung von Erdungs- und Blitzschutzanlagen
- Einbau von Speicherprogrammierbaren Steuerungen in elektrische Anlagen
- Installation von Beleuchtungsanlagen nach Prüfung der Belichtungsverhältnisse und Montage von Beleuchtungskörpern
- Mitarbeit bei der Installation von Hausleitsystemen zum Schalten, Steuern und Regeln von Hausleitsystemen
- Mitarbeit bei der Errichtung von Antennenanlagen für terrestrischen als auch für Satellitenrundfunk
- Einbau und Installation von ortsfesten elektrischen Geräten wie Spül- oder Waschmaschinen
- Durchführung von Stromdurchgangsprüfungen
- Ermittlung von Störungen bei elektrischen Anlagen
- Austausch von Verschleißteilen
- Auswechseln defekter Teile
- Werkzeuge, Arbeitseinrichtungen sowie Prüf- und Messgeräte instand halten
- Kunden über Produkte und Dienstleistungen des Betriebes informieren und beraten
- Leistungen abrechnen

5.1.8 Elektroniker Fachrichtung Informations- und Telekommunikationstechnik (Handwerk)

Herr (Name) wurde nach einem festen Ausbildungsplan in allen dem Berufsbild entsprechenden Tätigkeiten ausgebildet. Er war besonders für folgende Aufgaben zuständig:

- Konzeption von Systemlösungen für Anlagen der Datenübertragung und Datenverarbeitung sowie für sicherheitstechnische Systeme
- Ausarbeitung von Sicherheitskonzepten
- Installation von Datennetzen und Telekommunikationsanlagen
- Einbau von Videoüberwachungssystemen, Zutrittskontrollsystemen und Einbruchmeldeanlagen
- Installation und Konfiguration von Gebäudeleiteinrichtungen
- Inbetriebnahme von Anlagen und Systemen der Informations- und Telekommunikationstechnik
- Analyse, Bewertung und Optimierung der Datenübertragung
- Schnittstellenprüfung und Anpassung unterschiedlicher Datenkommunikationssysteme
- Systematische Fehlersuche in Anlagen und Systemen sowie Beseitigung der Fehler
- Prüfung und Instandhaltung von Informations- und Telekommunikationssystemen
- Installation, Konfiguration und Test systemspezifische Software
- Beratung und Betreuung von Kunden sowie Durchführung von Serviceleistungen

5.1.9 Elektroniker für Geräte und Systeme (Industrie)

Herr (Name) wurde während seiner Ausbildung in alle von der Industrie- und Handelskammer geforderten Ausbildungselemente eingeführt. Er war besonders für folgende Tätigkeiten zuständig:

- Planung, Analyse und Optimierung von Arbeits- und Produktionsabläufen unter Beachtung rechtlicher, wirtschaftlicher und terminlicher Vorgaben
- Rechnergestützte Konzeption elektronischer und konstruktiver Gerätekomponenten
- Einrichtung von Fertigungsanlagen und Prüfsystemen
- Herstellung von Mustern und Unikaten
- Prüfung, Instandsetzung und Wartung von Geräten und Gerätekomponenten
- Erstellung von Entwürfen, Layouts und Fertigungsunterlagen

- Mitwirkung bei der Entwicklung von Lösungskonzepten für Schaltungen und konstruktivem Aufbau
- Auswahl, Installation und Konfiguration systemspezifische Hard- und Softwarekomponenten
- Anpassung mechanischer und elektrischer Komponenten sowie Montage von Baugruppen und Geräten
- Koordination und Vergabe von Aufträgen zur Beschaffung von Bauteilen und Betriebsmitteln
- Erstellung von Geräte-, System und Produktdokumentationen
- Erstellung und Bestückung von Leiterplatten

5.1.10 Elektroniker für Maschinen- und Antriebstechnik (Handwerk)

Herr (Name) wurde in allen Tätigkeitsbereichen, die die Handwerksordnung (HWO) für die Ausbildung als Elektroniker für Maschinen- und Antriebstechnik vorschreibt, ausgebildet. Er war besonders für folgende Aufgaben zuständig:

- Montage und Inbetriebnahme von elektrischen Maschinen und Antriebssystemen unter Beachtung von Sicherheitsvorschriften
- Konzeption von Antriebssystemen nach Kundenanforderungen
- Herstellung und Einbau von Ein- und Mehrschichtwicklungen
- Erstellung, Überprüfung und Änderung von Programmen zur Steuerung pneumatischer, hydraulischer und elektrischer Komponenten
- Auswahl und Parametrierung von Frequenzumrichtern
- Fehlersuche, Fehleranalyse und Instandsetzung von Komponenten der Maschinen- und Antriebstechnik
- Erstellung von Wartungsplänen sowie Wartung und Instandhaltung elektrischer Maschinen und Antriebssysteme
- Beurteilung und Überprüfung der Sicherheit von elektrischen Anlagen und Betriebsmitteln
- Kundenberatung und -betreuung, Auftragsannahme sowie Erbringen von Serviceleistungen
- Technische Analyse von Aufträgen und Planung der Auftragsdurchführung
- Montage, Austausch und Wartung von Kupplungen und Lagern

- Verlegung und Anschluss von Leitungen sowie Anbringung von Schutzeinrichtungen, Verkleidungen und Isolierungen

5.1.11 Fahrzeuglackierer (Handwerk)

Herr (Name) wurde in allen Tätigkeitsbereichen, die die Handwerksordnung (HwO) für die Ausbildung als Fahrzeuglackierer vorschreibt, ausgebildet. Er war schwerpunktmäßig für folgende Aufgaben zuständig:

- Untergründe prüfen und für die Endbeschichtung vorbereiten
- Den Untergrund entrosten, abschleifen, entfetten und Haftgrund auftragen
- Unebenheiten ausspachteln und zwischenschleifen
- Flächen durch Abkleben schützen
- Oberflächen beschichten, behandeln und gestalten, etwa Unter- und Decklacke aufspritzen
- Beschriftungen, Design- und Effektlackierungen herstellen
- Werbeflyer, Bilder und sonstige Dekorationen mit Hilfe von Schablonen auf Fahrzeuge und Fahrzeugaufbauten aufbringen
- Fahrzeugteile reparieren, z. B. Bleche ausbeulen, spachteln, schleifen und lackieren
- Oberflächen konservieren, z. B. durch Polituren oder Wachs
- Die Funktion elektrischer, elektronischer, hydraulischer und pneumatischer Bauteile und Systeme prüfen
- Bauteile montieren und demontieren
- Fenster ein- und ausbauen
- Fahrzeuge und Fahrzeugteile instand setzen
- Messungen durchführen, Messergebnisse dokumentieren
- Geräte, Werkzeuge, Maschinen, Anlagen für den Auftrag auswählen, einrichten, bedienen und säubern

5.1.12 Fleischer

Neben dem Einblick in alle für diesen Beruf notwendigen Arbeiten zeigte Herr (Name) sich besonders für folgende Tätigkeiten verantwortlich:

- Fleisch, Fett, Innereien und andere Rohmaterialien auswählen, abwiegen und zusammenstellen

- Gewürze und Zusatzstoffe auswählen, abwiegen und zusetzen
- Rohmaterialien Fuhrmannen und kuttern
- Massen portionieren und abfüllen, z. B. auch einspritzen in Natur- oder Kunststoffdärme
- Vorbereitete und abgefüllte Massen je nach Wurstart kochen, brühen, kühlen oder räuchern oder trocknen und reifen lassen
- Produkte anhand von Aussehen, Farbe, Konsistenz, Geruch, Geschmack beurteilen (sensorische Prüfung)
- Hackfleisch maschinell herstellen, dazu Fleisch unter besonderer Berücksichtigung der Vorschriften der Hackfleisch-Verordnung auswählen und vorbereiten
- Fleisch und Fleischerzeugnisse durch Anwenden unterschiedlicher Verfahren wie Salzen, Pökeln, Trocknen, Räuchern, Kühlen, Gefrieren und Erhitzen haltbar machen
- Im Bereich Nasspökeln zum Beispiel Pökellake aus Wasser und Pökelsalz herstellen, das Fleisch mit Pökelinjektoren spritzen
- Im Bereich Trockenpökeln zum Beispiel das Fleisch von außen mit Salz einreiben, nach vorgegebener Einwirkzeit überschüssiges Salz auswässern
- Im Bereich Räuchern zum Beispiel Räucherkammern und -anlagen einschließlich der Raucherzeuger bedienen, überwachen und warten
- Maschinen, Geräte und Werkzeuge warten und pflegen
- Verkauf von Fleischerzeugnissen

5.1.13 Floristin

Besonderes Engagement zeigte Frau (Name) in folgenden Bereichen:

- Einkauf von Schnittblumen und Topfpflanzen beim hiesigen Blumengroßhandel
- Arrangement der Waren in Vasen und Dekoration von Schaufenster und Verkaufsraum
- Kundenberatung im Verkaufraum oder am Telefon: Empfehlung und Auswahl geeigneter Blumen für einen Strauß und die Beratung, welches Gebinde bei welchem Anlass angebracht ist. Hinweise für die richtige Pflege der Pflanzen sowie zum ökologischen Einsatz von Pflanzenschutzmitteln

- Genaue Verarbeitung der Kundenwünsche je nach Jahreszeit zu Sträußen, Arrangements, Gestecken und Kränzen
- Die gezielte Verarbeitung von Werkstoffen, die im Zusammenhang mit Blumenarrangements stehen, wie etwa Kerzen, Bänder oder Schleifen
- Genaue Beachtung der unterschiedlichen Pflegeansprüche von Pflanzen
- Die Pflege der Pflanzen in Verkaufraum und Kühlraum hinsichtlich Düngung und Schädlingsbekämpfung
- Organisation unseres Blumengeschenkdienstes sowohl im innerstädtischen Bereich als auch im überregionalen und internationalen Bereich durch die Zusammenarbeit mit FLEUROP
- Mitwirkung bei der Ermittlung des Materialbedarfs
- Kalkulation von Preisen für Arrangements
- Einholen von Angeboten

5.1.14 Hotelfachmann

Herr (Name) wirkte an zahlreichen verschiedenen Aufgabenstellungen bereits von Beginn an mit:

- Erledigung aller Aufgaben der Hausdamenabteilung wie Bettenmachen, Aufziehen von Bettwäsche, Aufräumungs- und Reinigungsarbeiten, Erstellung von Dienstplänen, Wäschebestände verwalten und Verantwortlichkeit für Wäschepflege und Waschmitteleinsatz
- Abwicklung des Bereiches Büffet, Speisen- und Getränkeausgabe, d. h. die Ausgabe von warmen und kalten Speisen an das Servierpersonal, Kontrolle des küchenverlassenden Essens, Einschenken und Ausgeben von Getränken, Bedienung von Kaffeemaschine und das Zapfen von Bier
- Aufgaben im Bereich Restaurantkasse und Restaurantservice wie z. B. das Eindecken und Dekorieren von Tischen, Aufnahme von Bestellungen und das Auftragen von Speisen
- Im Bereich Food and Beverage wurden alle geforderten Aufgaben der Bestellung, des Einkaufs, der Verwaltung, sowie die Verarbeitung und der Verkauf aller Speisen und Getränke zusam-

menhängend wahrgenommen und zur vollsten Zufriedenheit erledigt
- Aufgaben in der Empfangsabteilung, wie Zimmerreservierung oder Zimmerbelegungspläne
- Erledigung von Korrespondenz mit Gästen, Lieferanten und anderen Geschäftspartnern
- Postein- und -ausgang, Ablage
- Kaufmännische Aufgaben: Kalkulation von Beherbergungspreisen oder der Gestaltung unterschiedlicher Angebote, aber auch die Bearbeitung von Zahlungsvorgängen und Kosten- Leistungsrechnungen
- Durchführung im Bereich Personalwesen: Planung und Verwaltung von Personalbesetzungen oder der Erstellung von Personalbudgets
- Aufgaben im Bereich Öffentlichkeitsarbeit: Zusammenarbeit mit Werbeagenturen oder die Repräsentanz des Unternehmens gegenüber Kunden, Reisebüros und Behörden

5.1.15 Investmentfondskauffrau

Frau (Name) war für folgende Aufgaben, die sie nach und nach selbstständig erledigte, zuständig:
- Geld-, Kapital- und Wertpapiermärkte analysieren
- Länder- und Unternehmensresearch
- Depots betreuen
- Dem Fondsmanagement Vorschläge machen, z. B. zur Produktentwicklung und zu neuen Vertriebskanälen
- Berichte und Meldungen für interne und externe Stellen abfassen
- Handelsaufträge in Absprache mit den Ausbildern abwickeln
- Geschäftsvorgänge zeitnah buchen, Fondsabschlüsse täglich durchführen
- Inventarwerte und Anteilspreise von Sondervermögen (z. B. Immobilienfonds) berechnen
- Steuern für Fonds und Depots berechnen
- Vor- und Nachteile von Immobilienstandorten aufzeigen und mit ihren Ausbildern kritisch diskutieren

- Entscheidungen des Fondsmanagements vorbereiten und in der Fondsbuchhaltung in Absprache mit den Vorgesetzten umsetzen
- Bei Marketingmaßnahmen mitwirken
- Kunden beraten, maßgeschneiderte Angebote planen, Fondsauflegungen verkaufen, Kundenaufträge abwickeln
- Vertriebskanäle pflegen und betreuen

5.1.16 Kosmetikerin

Frau (Name) wurde in alle von der Industrie- und Handelskammer geforderten Ausbildungselemente eingeführt, sie war in unserem Unternehmen sukzessiv für folgende Aufgaben mitverantwortlich:

- Die Kunden empfangen und auf einem Kosmetikstuhl bzw. - liege positionieren
- Die Kunden nach Wünschen und Allergien befragen
- Den Hauttyp und -zustand der Kunden beurteilen, Gesichtshaut, Hals und Dekolleté schonend reinigen
- Bei unreiner Haut die obere Hornschicht abschleifen und Pickel und Mitesser entfernen
- Gesichtsdampfbäder durchführen, um die Haut aufnahmefähiger für die weitere Behandlung zu machen
- Elektrokosmetische Behandlungen bei Cellulite durchführen
- Kosmetische Gesichts-, Hand-, Fuß- und Körpermassagen durchführen, z. B. Zupf-, Streich- oder Klopfmassagen, Knet- und Walkmassagen, Lymphdrainage, Reflexzonen- oder Shiatsu-Massagen
- Kunden typgerecht schminken, z. B. Braut-Make-up, Foto-Make-up
- Grundierung auftragen
- Korrigieren, Abschattieren oder Abdecken von störenden Hautunreinheiten
- Augen, Lippen, Wangen schminken
- Durch Abpudern das Make-up fixieren und – je nach Trend – mattieren oder dem Make-up einen leichten Schimmer verleihen
- Kosmetische Hand- und Fußpflege durchführen, Finger- und Fußnägel modellieren und verschönern

- Kunden über kosmetische Produkte beraten, Kosmetika präsentieren und verkaufen
- Kunden über eine sinnvolle Ernährungsweise beraten, Vorschläge zur Gesundheitsförderung oder zur Steigerung des Wohlbefindens vorstellen

5.1.17 Kraftfahrzeugmechatroniker

Herr (Name) wurde in unserem Unternehmen als Kraftfahrzeugmechatroniker ausgebildet.

- Fehler oder Störungen an Kraftfahrzeugen bzw. deren Systemen und Bauteilen diagnostizieren und deren Ursachen feststellen
- Elektronische Systeme warten, prüfen und einstellen
- Fahrzeugelektrik bei Personenkraftwagen, Nutzkraftwagen und Krafträdern inspizieren und warten
- Fehlerprotokolle bei Bordcomputern abrufen und die entsprechenden Fehlercodes analysieren
- Elektrische Funktion aller elektronischen Systemkomponenten am Kraftfahrzeug (z. B. Lagestabilisierung, Airbag, Servolenkung, Antiblockiersystem) prüfen
- Arbeitsergebnis durch Mess- und Prüfwerterfassung feststellen, auch unter Auswertung eines Computerdiagramms
- Motoren und Bremsen am Diagnose-, Bremsprüfstand überprüfen: Störungen beheben
- Bauteile wie Filter, Zündkerzen usw. überprüfen
- Vergasereinstellung, Einspritzanlagen korrigieren
- Zusatzeinrichtungen und Zubehör einbauen (wie Sicherheitssysteme, Zentralverriegelungen oder elektrisch betriebene Schiebedächer, Klimaanlagen)
- Fahrzeuge nach amtlichen Vorgaben (z. B. Abgassonderuntersuchung) prüfen und untersuchen
- Fahrzeuge und ihre Systeme bedienen und in Betrieb nehmen
- Probefahrten durchführen, um die Funktionsfähigkeit und Fahrsicherheit von Fahrzeugen festzustellen
- Systeme und Prüfgeräte aktualisieren
- Qualitätssichernde Maßnahmen anwenden

- Schlussprüfung aller Funktionen durchführen, Fahrzeuge nach Abschluss der Arbeiten säubern
- Kunden in den Gebrauch nachgerüsteter Bauteile oder Geräte einweisen

5.1.18 Mediengestalterin

Frau (Name) wirkte an zahlreichen verschiedenen Aufgabenstellungen bereits von Beginn an mit:

- Erstellung von Layout und Satz mit den Programmen QuarkXPress und PageMaker
- Texterfassung und Konvertierung vorhandener Texte
- Scannen von Grafik- und Bildvorlagen sowie deren digitaler Bearbeitung mit den Programmen Adobe Photoshop und Adobe Illustrator
- Erstellung eigener Internetseiten sowie Bewegtbilder und Töne mit den Programmen Macromedia Dreamweaver, Adobe GoLive und Flash
- Zusammenführung der Medienkomponenten Text, Bild und Ton
- Teamfähige Zusammenarbeit mit Fachleuten aus Design, Programmierung, Redaktion und Projektmanagement
- Ausführung kaufmännischer Auftragbearbeitungen
- Beschaffung von Unterlagen für die Erstellung von Angeboten
- Kalkulation von Preisen
- Mitwirkung bei der Kosten- und Leistungsrechnung für eine Medienproduktion
- Koordinierung von Fremdleistungen
- Mitwirkung im Projektmanagement (Erstellung von Arbeitsanweisungen, Dokumentation von Arbeitsabläufen und die Ermittlung von Materialkosten und des Zeitaufwandes.

5.1.19 Praktikantin Zeitungsredaktion

Im Rahmen der herausgeberischen Vorgaben und in enger Zusammenarbeit mit der Chefredaktion war Frau (Name) für folgende Aufgaben zuständig:

- Erfassung und Weiterverarbeitung sämtlicher Informationen

- Erstellung derjenigen Heftteile, die durch das Redaktionssystem generiert wurden (QuarkXPress),
- Vorbereitung des Seitenplans
- Layout sämtlicher Heftteile in QuarkXPress inklusive Bildbearbeitung
- Korrektur sämtlicher Texte
- Komplettierung der einzelnen Rubriken durch Zusammenstellung der inhaltlichen und marketingstrategischen Elemente
- Vorbereitung der erfassten Daten zur Veröffentlichung im Internet-Angebot des *Westfalen-Kuriers*

5.1.20 Systemelektroniker (Handwerk)

Herr (Name) wurde in alle von der Handwerksordnung (HWO) geforderten Ausbildungselemente eingeführt. Zu seinen Hauptaufgaben zählten:

- Entwicklung, Fertigung und Instandhaltung von Komponenten, Geräten und Systemen
- Messung, Analyse und Prüfung von Komponenten und Geräten
- Einrichtung von Fertigungsanlagen und Prüfsystemen sowie deren Optimierung und Wartung
- Planung, Steuerung und Optimierung von Fertigungsabläufen
- Entwurf elektronischer Schaltungen unter Beachtung von EMV Bestimmungen
- Hard- und Softwareentwicklung von Schnittstellen
- Herstellung von Mustern und Unikaten
- Systematische Fehlersuche in Geräten und Systemen sowie Analyse und Behebung der Fehler
- Herstellung und Bearbeitung von Leiterplatten sowie Bestückung auch mit SMD-Bauteilen
- Erstellung von Fertigungsunterlagen, technischen Dokumentationen und Bedienungsanleitungen
- Installation, Konfiguration und Anpassung von Standard- und Anwendungssoftware
- Kundensupport und Durchführung von Serviceleistungen

5.1.21 Technische Zeichnerin

Frau (Name) wurde mit folgenden Aufgaben vertraut gemacht:

- Das manuelle und rechnergestützte (CAD) Zeichnen von Funktionen einfacher Steuerschaltungen und der Darstellung von Verstärkerschaltungen
- Darstellung digitaler Grundschaltungen
- Erstellung von Betriebsmittel- und Anschlusszeichnungen
- Anfertigung von Schaltungen für energietechnische Anlagen mit SPS und Regeleinrichtungen
- Zeichnungen für Leiterplatten erstellen durch Bestückungspläne und Layouts
- Zeichnungen für Steuerschaltungen und Steuerprogramme für Datenübertragungen erstellen
- Entwurf und Zeichnung von Verdrahtungs- und Anordnungsplänen energietechnischer Anlagen
- Entwurf von Installationsplänen für Gebäudeinstallationen mit Einrichtungen der Energie- und Informationstechnik
- Bemessung und Kennzeichnung durch Symbole für elektrotechnische Bauelemente und Geräte
- Erstellung von technischen Begleitunterlagen wie etwa Bauteil-, Geräte- und Stücklisten, Übersichtspläne, Diagramme oder Tabellen
- Durchführung fachbezogener und rechnergestützter Berechnungen wie Bauteile- und Leitungsberechnungen
- Zeichnungen und Berechnungen prüfen, ändern und vervielfältigen
- Wartung von Maschinen, Arbeitswerkzeugen und Materialien

5.2 Gewerbliche Arbeitnehmer

5.2.1 Bäcker

Herr (Name) war in unserem Großunternehmen für die Herstellung von Vollkornbroten eingesetzt, folgende Aufgaben hatte er dabei zu erfüllen:

- Maschinenbedienung und -wartung
- Teigzubereitung
- Abbacken

5.2.2 Drechsler

Herr (Name) war für die folgenden Aufgaben zuständig:

- Möbelknöpfe aus Holz und Kunststoff nach Vorgaben drechseln
- Stückliste erstellen, beispielsweise Menge und Art der benötigten Hölzer, Holzwerkstoffe und anderer Werkstoffe bestimmen
- Benötigte Werkzeuge, Geräte, Vorrichtungen, Maschinen und Hilfsmittel bereitstellen und auswählen
- Arbeitsmodelle oder Prototypen anfertigen
- Ausgewählte Materialien für den Drehvorgang zurichten und zuschneiden, insbesondere nach Aufriss von Hand oder maschinell ablängen und abbreiten
- Erforderliche Bohr- und Fräsarbeiten an den zugerichteten Materialien ausführen
- Gedrechselte Teile zum Endprodukt durch Leimen, Kleben, Nageln, Schrauben oder Dübeln montieren
- Oberflächen von gedrechselten Teilen behandeln
- Oberflächen für die Endbehandlung säubern, entstauben und entharzen
- Produktoberflächen putzen, schleifen, einebnen und glätten
- Holzschutzmittel aufbringen
- Maschinen zur Holzbe- und -verarbeitung pflegen und warten
- Drehbänke sowie Säge-, Hobel-, Schleif-, Fräs- und Bohrmaschinen pflegen
- Holzbe- und -verarbeitungsmaschinen warten, zum Beispiel bei Maschinen mit Treibriemenantrieb regelmäßig Riemenspan-

nung überprüfen und mechanische Abnutzung mit Schmiermitteln verhindern sowie Sägemaschinen regelmäßig schärfen
- Kleinere Reparaturen an Maschinen und Geräten ausführen

5.2.3 Dreher

Herr (Name) arbeitete an einer konventionellen Drehmaschine, er fertigte alle anfallenden Drehteile (Ersatzteile, Gewinde, kleinere Maschinenteile usw.) für unseren Bereich der Rohrschlangenherstellung. Hierbei handelte es sich um keine Massenproduktion, sondern um Unikate, die speziellen Anforderungen gerecht werden mussten. Hier ist hervorzuheben, dass Herr (Name) auch die kompliziertesten Drehteile immer gut hergestellt hat. Er arbeitete mit Normstahl, Edelstahl und Aluminium. Herr (Name) war zudem für die Wartung und Pflege seiner Maschine zuständig.

5.2.4 Drucker (Druck, Papier, Verlagswesen)

Der Verantwortungsbereich von Herrn (Name) gestaltete sich wie folgt:
- Auftragsunterlagen auf Vollständigkeit und technische Umsetzbarkeit prüfen
- den präzisen technischen Arbeitsablauf festlegen
- Daten aus datenbankbasierten Archiven aufrufen
- Satz- und reproduktionstechnisch bearbeitete Text-, Bild- und Grafikdaten in das Digitaldrucksystem übertragen
- Vorbereitung des Drucksystem und der Zusatzeinrichtungen sowie Grundeinstellungen überprüfen
- Farben und Bedruckstoffe auswählen
- Probedrucke erstellen und mit den Vorlagen abstimmen; dabei Ton- und Farbabstimmung durchführen und gegebenenfalls Korrekturen an den Maschineneinstellungen vornehmen
- Qualitätsstandards überwachen, insbesondere Druckergebnisse permanent durch Messen und Prüfen von Ton- und Farbwerten sowie der Passgenauigkeit kontrollieren
- Störungsfreien Lauf der Digitaldruckmaschine sowie gegebenenfalls der Zusatzeinrichtungen überwachen und sicherstellen

- Druckerzeugnisse weiterverarbeiten und Pflege- und Wartungsarbeiten ausführen
- Druckerzeugnisse je nach Produkt weiterverarbeiten, zum Beispiel Schneiden, Falzen und Binden von Broschüren und Prospekten
- Druckmaschinen warten und pflegen sowie kleinere Reparaturen ausführen

5.2.5 Drucktechniker

Herr (Name) wurde als Drucktechniker im Bereich Illustrationsdruckmaschinen eingesetzt. Seine Tätigkeit umfasste folgende Aufgaben:

- Inbetriebnahme, Parametrierung und Konfiguration der Steuerungsausrüstung (EAE FÜR, Simatic S5) für Druckmaschinen, Antriebsausrüstung (netzgeführte Stromrichter der Fa. Siemens Alepho K 6RA22 und 5ZA70, ADR REM 4200, CT), Feldbussysteme (Phönix Interbus S, Interbus Loop, Arcnet) für Rollenwechsler an Zeitungsrotationsmaschinen der Typen GEOMAN und COLORMAN
- Schulung und Einarbeitung unseres Kundenpersonals während der Inbetriebnahme und Produktionsüberwachung der Druckmaschinen
- Technische Unterstützung unserer Kunden und Mitarbeiter via Telefon und Modem bei der Fehlersuche
- Fachliche Unterstützung der Konstruktions- und Entwicklungsabteilungen bei Neuentwicklungen
- Pflege und ggf. kleine Reparaturen

5.2.6 Gas- und Wasserinstallateur

Herr (Name) war für die Installation von neuen Anlagen verantwortlich, zudem führte er Renovierungs- und Reparaturaufgaben aus.

5.2.7 Gas- und Wasserinstallateur

Herr (Name) war für die Montage und Wartung von Gasheizungsanlagen verantwortlich, folgende Aufgaben lagen in seinem Verantwortungsbereich:

- Aufstellung, Anschluss und Wartung von Gasheizungsanlagen
- Einstellung und Regulierung verschiedener Heizungssysteme
- Fertigung und Wartung von Rohrleitungsanlagen
- Kundenbetreuung und Kundenberatung für den Bereich Energieeinsparungsmöglichkeiten
- Organisation des Bereiches Außendienstmitarbeiter in unserem Betrieb
- Innerbetriebliche Weiterbildung im Bereich alternative Energiequellen
- Erstellen von Angeboten
- Kalkulierung von Materialkosten

5.2.8 Hausmeister

Herr (Name) war für folgende Aufgaben zuständig:

- Schließdienst aller Haupt- und Nebengebäude
- Erledigung kleinerer Reparatur- und Gartenarbeiten
- Kontrolle des Reinigungsdienstes
- Wartung der vier hauseigenen Pkws
- Überwachung von Handwerksarbeiten
- Organisation der Schlüsselausgabe

5.2.9 Industriemeister/in

Herr (Name) war für folgende Aufgaben zuständig:

- Steuerung und Überwachung der Fertigungsabteilung,
- Planung und Festlegung der Maschinenbelegung sowie deren Einsatz,
- Veranlassung rechtzeitiger Bereitstellung von Fertigungsmitteln,
- Überwachung von Arbeitsleistungen und die Einhaltung von Fertigstellungsterminen,
- Prüfung und Beurteilung von Produkten, Rohstoffen und Hilfsmitteln,

- Durchsetzen und Einhalten der Arbeits-, Brand- und Umweltschutzbestimmungen,
- Überwachung regelmäßiger Wartungs- und Instandsetzungsarbeiten,
- Mitwirkung bei Planungs- und Entwicklungsaufgaben bezüglich der Betriebsmittelausstattung, besonders im Hinblick auf rationelle Fertigungsmöglichkeiten und Qualitätssicherung,
- Mitwirkung beim betrieblichen Teil der Berufsausbildung durch die Erstellung von Ausbildungsplänen oder in der Beurteilung von Auszubildenden

5.2.10 Klempner

Herr (Name) war für alle Blecharbeiten in unserem Unternehmen, wie die folgende Tätigkeitsauflistung zeigt, zuständig:

- Bauteile zu Blechkonstruktionen wie Abdeckungen, Behältern und Blechkanälen montieren, ebenso Blechkanäle für lüftungs- und klimatechnische Anlagen sowie Blechummantelungen von isolierten Rohrleitungen
- Herstellung von Gesims-, Mauer- und Fensterbankabdeckungen und Kaminhauben nach Maß einbauen
- Vorgefertigte Bauteile auf Maßhaltigkeit prüfen
- Geeignete Anschlag- und Transportmittel auswählen, Bauteile transportieren
- Montageplätze unter Beachtung der Sicherheitsbestimmungen einrichten
- Bauteile ausrichten und durch Schweißen oder andere Fügetechniken zusammenbauen
- Ausgeführte Arbeiten kontrollieren und prüfen

5.2.11 Kraftfahrzeugmechaniker

Herr (Name) hat alle anfallenden Reparatur- und Wartungsarbeiten an Personenkraftwagen der Marke VW durchgeführt. Er lernte in Absprache mit unserem Meister regelmäßig unsere Auszubildenden an.

5.2.12 Kraftfahrzeugmechaniker

In dieser Funktion war Herr (Name) vor allem für folgende Tätigkeiten zuständig:

- Ausführung von Wartungs- und Inspektionsarbeiten
- Absprache der auszuführenden Arbeiten mit dem Werkstattmeister oder dem Kunden
- Ausführen von Funktionstests wie Motortest oder Bremstest
- Kontrolle von Bauteilen wie Filter oder Zündkerzen sowie Einstellungen von Vergasern, Einspritz- oder Lichtanlagen
- Prüfung von Fahrzeugen nach amtlichen Vorgaben (TÜV, ASU etc.), d. h. Ausführung von Untersuchungen nach der Straßenverkehrszulassungsordnung, Abgassonderuntersuchung (ASU) mit Hilfe von speziellen Mess- und Prüfsystemen und Protokollieren der Ergebnisse
- Ausführung von Inspektionsprogrammen nach Richtlinien des Herstellers
- Erstellung von Diagnosen über den Zustand eines bestimmten Teils des Kraftfahrzeugs wie Motor, Bremsen, Stoßdämpfer sowie systematisches Eingrenzen von Fehlern und Störungen auch mit Hilfe von systematischen Messungen
- Austausch von beschädigten Karosserieteilen und Instandsetzung durch Schweiß- und Klebearbeiten
- Ausgleichen von Unebenheiten (Ausbeulen)
- Vorbereitung für Lackierarbeiten
- Vorbereitung der Karosserie zum Einbau von herstellerspezifischem Zubehör wie etwa Halterungen
- Arbeiten an elektrischen Baugruppen im Fahrzeug
- Einweisung der Kunden in den Gebrauch des Fahrzeugs
- Auswechseln und Aufziehen von Reifen und Felgen

5.2.13 Maler und Lackierer

Herr (Name) war für folgende Aufgaben zuständig:

- Oberflächen und Untergründe aus verschiedenen Putzen, Beton, Metall, Holz und Kunststoff prüfen und entsprechend vorbehandeln, z. B. abwaschen, Altanstriche entfernen, entrosten,

Putzuntergrund ausbessern, spachteln, schleifen, Grundbeschichtungen auftragen
- Farben ansetzen, mischen bzw. abtönen
- Beschichtungen von Hand bzw. mit Maschinen auf unterschiedliche Untergrundmaterialien, z. B. Putz, Holz und Metall auftragen
- Tapezier-, Klebe- und Spannarbeiten einschließlich Verlegen von Fußbodenbelägen ausführen
- Möbel, Türen und Fensterrahmen lackieren
- Wärmedämm-Verbundsysteme an Fassaden anbringen
- Betonsanierungsarbeiten ausführen, Betonschutzbeschichtungen aufbringen
- Korrosionsschutzarbeiten ausführen, Oberflächen an Stahlbauteilen und Stahlbauwerken vorbehandeln und schützen
- Beschriftungen, z. B. an Gebäuden auf und hinter Glas, herstellen, Hinweisschilder und Werbezeichen anfertigen
- Schmuckformen wie Ornamente, Bänder und sonstige Wanddekorationen entwerfen und ausführen

5.2.14 Maschinenbautechniker

Herr (Name) war eigenverantwortlich für folgende Aufgaben zuständig:
- Technische Klärung mit dem Kunden und den einzelnen Konstruktionsabteilungen
- Kontaktstelle für alle Kundenbelange auch über das jeweilige Projekt hinweg
- Überwachung zeitkritischer Abläufe
- Erarbeitung von Zusatzangeboten während der technischen Abwicklung
- Abstimmung der Liefertermine und Montagezeiträume
- Unterstützung der Baustellenleiter während der Installation und Inbetriebnahme
- Abnahme der Rohrschlangen mit dem Kunden
- Kontrolle von Rechnungen der Subunternehmen für die Montage und Inbetriebnahme
- Unterstützung des Kunden zur Anlagenoptimierung

5.2.15 Maschinist

Herr (Name) war vor allem für die Wartung unserer Drechselautomaten zuständig. Alle anfallenden Reparaturen wurden von ihm stets erfolgreich bewältigt. Die regelmäßige Inspektion der Automaten gehörte auch zu seinen Pflichten. Außerdem hatte er Störungen zu erkennen und sofort entsprechende Gegenmaßnahmen durchzuführen. Darüber hinaus war er für den reibungslosen Ablauf der Sägen und Hobelmaschinen im Betrieb zuständig.

5.2.16 Maurer

Herr (Name) wurde bei der Errichtung von Ein- und Mehrfamilienhäuser eingesetzt. Er arbeitete immer erfolgreich nach den Plänen des Architekten und des Bauleiters. Er betonierte Fundamente und setzte Decken und Zwischenwände ein. Die Mauerwerke mauerte er aus einzelnen Steinen oder setzte sie aus Fertigteilen zusammen. Nach den Dämm- und Isolierungsarbeiten verputze er das Mauerwerk. Im Rahmen von Instandsetzungs- und Sanierungsarbeiten reparierte er die entsprechenden Schäden. Außerdem lernte er unsere Hilfskräfte in den oben genannten Bereichen ein.

5.2.17 Metzger

Herr (Name) war für folgende Aufgaben zuständig:

- Töten der Tiere
- Fleischzerlegung
- Ausbeinen
- Herstellung von Würsten aller Art

5.2.18 Müller

Folgende Tätigkeiten übte Herr (Name) eigenverantwortlich aus:

- Untersuchung von Rohstoffen je nach Verwendungszweck auf Art, Farbe, Größe, Besatz, Schädlinge, Geruch, Feuchtigkeit, Frischezustand, Verunreinigungen, Temperatur sowie die maßgebenden Inhaltsstoffe wie Protein, Rohfaser, Stärke und Fett

- Beurteilung der Untersuchungsergebnisse zur Feststellung der Preiswürdigkeit und Lenkung des Herstellungsablaufes
- Angelieferte Rohstoffe bei der Annahme vorreinigen und verwiegen, dabei Fremdbestandteile wie Spreu, Unkrautsamen, Metallteilchen, Steine ausscheiden
- Getreide mit zu hohem Feuchtigkeitsgehalt für längere Einlagerung durch Trocknung lagerfähig machen, dazu verschiedene Trocknungssysteme verwenden
- Getreide vor der Vermahlung in einer Getreidemühle zu Mischungen zusammenstellen, die eine möglichst hohe Gleichmäßigkeit hinsichtlich Mahlfähigkeit und Backeigenschaften gewährleisten
- Einsatz von Maschinen, die alle nicht zur Vermahlung geeigneten Teile nach Farbe, Dichte, Größe und Form entfernen
- Thermische Behandlung von Rohstoffen in Schälmühlen (nach vorheriger gründlicher Reinigung)
- Sieben und Sortieren vereinzelter Rohstoffe
- Vermahlungsvorgang einleiten und durchführen
- Rohstoffe und Halbfabrikate nach vorgegebener Rezeptur bei der Herstellung in einem mehrstufigen Verfahren dosieren, verwiegen und mischen

5.2.19 Produktionsmitarbeiterin

Frau (Name) arbeitete in unserer Abteilung für die Herstellung von Möbelknöpfen. Sie war für die Reinigung und die Holzbestückung der Automaten zuständig. Außerdem war sie für den Feinschliff der Möbelknöpfe verantwortlich.

5.2.20 Schauwerbegestalterin (Textil, Mode)

Frau (Name) war für die Dekoration unserer Verkaufsinnenräume und der Schaufenster verantwortlich, folgende Aufgaben lagen in ihrem Verantwortungsbereich:

- Dekorationen unter Berücksichtigung der Waren und Zielgruppen anhand von Rohskizzen planen
- Grafische Werbemittel wie Plakate, Schrifttafeln und Preisschilder entwerfen

- Bauliche und beleuchtungstechnische Voraussetzungen arrangieren
- Werkstoffe hinsichtlich der jeweils herzustellenden Artikel auswählen
- Dekorationsteile wie Einbauteile, Dekorationsständer, Fotos, Regale, Warenträger anfertigen oder beschaffen
- Gruppieren von Waren, Attrappen und Requisiten
- Grafische Werbemittel wie Plakate, Schrifttafeln und Preisschilder anfertigen
- Verschiedene Dekorationselemente und Ausstellungshilfen in Atelier und Werkstatt anfertigen und an Ort und Stelle entsprechend dem Entwurf platzieren
- Kalkulierung der Materialkosten

5.2.21 Schreiner

Herr (Name) war in der Holzfensterbauabteilung tätig, dort war er für folgende Aufgaben verantwortlich:

- Aufriss der Fenster
- Zuschnitt der Fensterrahmen
- Erledigung aller anfallenden Hobel-, Fräs- und Schleifarbeiten
- Montage der Fenster und der Beschläge
- Glaserarbeiten
- Anstrich der Fenster
- Erledigung von kleineren Reparaturen unseres Maschinenparks

5.2.22 Trockenbaumonteur

In dieser Eigenschaft war Herr (Name) vor allem für folgende Tätigkeiten zuständig:

- Herstellung von Leichtbauwänden, Brandwänden, Unterdecken, Fassaden und Wänden unter Verwendung von Trockenbaumaterialien
- Zurichtung und Einbau von Gipswandbauplatten und Leichtbauplatten
- Anbringung und Montage von Beleuchtungsdecken und Beleuchtungskörper

- Montage vorgefertigter Bauteile wie Fenster, Türen oder Brandschutzglas
- Herstellung von Vorwandinstallationswänden- und Kanälen
- Beplankung von Bögen und Gewölben mit unterschiedlichen Werkstoffen
- Fertigung von Dachschrägen unter besonderer Berücksichtigung von Winddichtigkeit, Dampfdiffusion und Hinterlüftung
- Verlegung von Fertigteil-Estrichplatten bzw. Unterbodenelementen
- Aufstellung von Dämmstreifen und Anlegen von Bewegungs- und Randfugen
- Eindringung und Verdichtung von Trockenschüttungen
- Einbau von Hohlraum- und Doppelbodenelementen
- Prüfung der Ausführungsqualität der eigenen Arbeit sowie der Arbeit von Mitarbeitern und Anfertigung des Aufmaßes
- Berechnung von eigenen und firmenfremden Leistungen

5.2.23 Werkstattmeister

Herr (Name) war für die Leitung unserer Abteilung Rohrschlangenbiegung zuständig, hier war er für acht Mitarbeiter verantwortlich. Er war für die Planung, Durchführung und Kontrolle sämtlicher Arbeitsprozesse in dieser Abteilung zuständig. Herr (Name) plante den Einsatz seiner Mitarbeiter an den Fertigungsmaschinen in allen Prozessabfolgen. In Absprache mit unserem Schweißingenieur kontrollierte er die Schweißarbeiten seiner Mitarbeiter. Außerdem bildete er im Dreijahresrhythmus jeweils zwei Lehrlinge aus.

5.2.24 Zentralheizungs- und Lüftungsbauer

Zu den Hauptaufgaben von Herrn (Name) zählten:

- Installation von Zentral- und Fernheizungsanlagen
- Vorbereitungsarbeiten bei Rohrverlegungen wie etwa das Festlegen von Rohrverlaufswegen oder das Fräsen von Mauer- oder Bodendurchbrüchen
- Verschweißen, Löten und Flanschen von Rohrleitungen sowie deren Befestigung durch Verschrauben und Isolieren

- Einbau von Messgeräten, Pumpen, Entlüftern, Absperr- und Druckreglerarmaturen
- Aufstellen und Anschließen von Brennstoffversorgungs-, Feuerungs- und anderen Energiegewinnungsanlagen
- Installation von Brennstofflagerungsbehältern einschließlich der Versorgungs- und Fördereinrichtung
- Reinigung von Anlagen (z. B. Brenner, Düsen oder Filter) und Prüfung des Wirkungsgrades von Feuerungseinrichtungen
- Austausch von Verschleißteilen
- Fehlersuche bei Störungen an Regler- und Brenneranlagen, Heizkesseln, Rohrleitungen und Klimaanlagen
- Prüfung und Justierung pneumatischer Regelanlagen
- Messung von Emissionswerten und Einregulierung von Brenner und Regler auf verbrauchsgünstige Werte
- Beratung von Kunden über die Verwendung umweltfreundlicher Energiegewinnungsmöglichkeiten

5.3 Angestellte

5.3.1 Assistentin Geschäftsleitung

Die Schwerpunkte von Frau (Name)s Tätigkeiten gestalteten sich wie folgt:

- Komplette PC-Verwaltung vom Erstellen von Vorlagen bis hin zur optimalen Verwendung einzelner Programme (z. B. Microsoft Word, Excel, Windows)
- die gesamte Abwicklung von der Angebotserstellung bis zur Auftragserteilung sowie der Projektplanung und -überwachung
- Kundenpflege und Kundenkontakte
- Führung der gesamten Personalverwaltung von Einstellungs- und Entlassungsformalitäten bis hin zu Lohnvorbereitungen und Pflegen sämtlicher Personalakten
- Terminüberwachung der Geschäftsleitung

- Unterstützung der Geschäftsführung in allen anfallenden Bereichen vom Schriftverkehr bis zu Vertragsabwicklungen, Flugbuchungen und Reservierungen
- Vorbereitung der Buchhaltung zur Weitergabe an den Steuerberater zum Buchen und ständige Abstimmung in Zusammenarbeit mit dem Steuerberater
- Ausbildung eines Auszubildenden für Bürokommunikation mit eigener Ausbildungserlaubnis (AdA-Schein)

5.3.2 Augenoptiker

Herr (Name) zeichnete sich in unserem Betrieb besonders für folgende Aufgaben verantwortlich:

- Kundenberatung hinsichtlich der Auswahl von Brillenfassungen- und Gläsern hinsichtlich Funktionalität, Typ und Stil
- Auswahl, Prüfen, Messen und Zentrieren der halbfertigen Gläser sowie deren Nachbearbeitung durch den Schleifautomaten und die abschließende Einpassung in das Brillengestell
- Änderungen und Reparaturen an Brillengestellen
- Beratung und Verkauf von Kontaktlinsen
- Kontaktperson zum medizinisch-ophtalmologischen Bereich wie Augenärzte oder Kliniken
- Verkauf von optischen Geräten wie Ferngläser, Lupen oder Mikroskope samt Zubehör wie Etuis, Reinigungsmittel und fertige Sonnenbrillen
- Instandsetzung und Justierung von optischen Geräten wie Mikroskope, Ferngläser oder Barometer
- Ermittlung von Sehschwächen mit technischen Mitteln, u. a. für den Erwerb des Führerscheins
- Aufgaben im kaufmännischen Bereich: Bestellung von Waren, Abrechnung mit Lieferanten, Entgegennahme von Reklamationen sowie die Erledigung des anfallenden Schriftwechsels
- Unterstützung unseres Ausbildungsbereichs, d. h. die Anleitung und Betreuung unseres Lehrlings hinsichtlich der Belange des Betriebes und der Zuständigkeiten von Berufsschule und IHK
- Planung und Durchführung unseres Messeauftritts auf der OPTIKA 2002 in Köln. Hierzu waren u. a. erforderlich: Organi-

sation eines Messestandes für unsere hauseigene Hydrometertechnologie, Entwurf einer eigenen Messepräsentationsbroschüre und die selbstständige Kalkulation des gesamten Projektes
- Durchführung einer Werbeaktion zum Sehtest

5.3.3 Automobilverkäufer

Herr (Name) war für den Verkauf unserer Fiat Kleinwagen zuständig. Er war auch für die Betreuung des Kundenstammes, den er durch Akquisition ständig erweiterte, verantwortlich.

5.3.4 Bauzeichner

Herr Name ist mittels CAD für alle zeichnerischen Aufgaben im Bereich Ein- und Mehrfamilienhäuser zuständig: für Entwurfs- und Eingabeplanung mit Antragsformularen. Außerdem ist er für die Geländenivellierung und die Aufmaßnahme verantwortlich.

5.3.5 Bilanzbuchhalterin

In den Verantwortungsbereich von Frau (Name) fielen folgende Tätigkeiten:
- Geschäftsleitung über Änderungen und Auswirkungen steuerlicher Vorschriften sowie deren günstige Auslegung und Nutzung informieren und beraten,
- Steuerliches Einkommen für das jeweilige Geschäftsjahr ermitteln,
- Anfertigung der Jahressteuererklärungen unter Berücksichtigung der Körperschaftssteuer, Umsatzsteuer und Gewerbesteuer,
- Steuerbescheide prüfen, ggf. Rechtsbehelfe und Rechtsmittel einlegen,
- Steuerstreitigkeiten bearbeiten, den Beschäftigungsbetrieb vor Finanzgerichten vertreten,
- Kosten erfassen und gliedern (Kostenartenrechnung),
- Gemeinkosten auf die einzelnen Betriebsbereiche umlegen (Kostenstellenrechnung), Kostenstellenkonten führen und überwachen,

- Betriebsabrechnungsbogen erstellen, innerbetriebliche Leistungsverrechnung durchführen und überwachen,
- Deckungsbeitrags-, Plankosten- und Kostenkontrollrechnung durchführen,
- Erarbeitung von Richtlinien für die Aufgabenerfüllung der Geschäftsbuchhaltung

5.3.6 Buchhändler (Verlag)

Herr (Name), der zwei Lektoren (Belletristik und Schulbuch) in unserem Verlag assistierte, war für folgende Aufgaben zuständig:
- Koordination zwischen den Abteilungen Herstellung, Vertrieb und Werbung
- fachkundige Betreuung unserer Stammautoren
- Akquisition neuer Schulbuchautoren (Lehrer)
- Kauf von Lizenzen (Text und Bild)
- Verfassen von Verlagsverträgen
- Redigieren der Autorentexte
- Beurteilung von unaufgefordert eingehenden Typoskripten

5.3.7 Bürokauffrau

In ihrer Position war Frau (Name) hauptsächlich für folgende Tätigkeiten zuständig:
- Überwachung von Zahlungs- und Lieferterminen
- Entgegennehmen und bearbeiten von Aufträgen
- Angebote unterbreiten und einholen
- Eingangsrechnungen kontrollieren
- Ausgangsrechnungen erstellen
- Zahlungen veranlassen
- Führung und Verwaltung von Personalakten wie z. B. die Erfassung von Arbeits- und Fehlzeiten
- Mitwirkung bei der Planung und Ermittlung von Personaleinsatz und -bedarf
- Durchführung von Kalkulationen nach Anleitung
- Verfolgen von Kostenentwicklungen
- Erledigung von verwaltungstechnischem Schriftverkehr

5.3.8 Business Consultant

Herr (Name) war für folgende Aufgaben zuständig:

- Durchführung von Workshops zum Assessment (Analyse und Konzeption) von eBusiness Strategien und eBusiness Geschäftsmodellen
- Optimierung und Modellierung von Geschäftsprozessen zur Spezifikation von eBusiness Lösungen
- Support für den Key-Account Manager im Sales Bereich
- Koordinierung der Consulting Aktivitäten in der Spezifikationsphase
- Entwicklung der Intershop eBusiness Modeling Methode
- Mitarbeit bei der Konzeption von branchenspezifischen (industry solutions) und branchenübergreifenden (cross industry solutions) Lösungen
- Mentoring und Coaching von Mitarbeitern und Partnern im Rahmen der Spezifikation nach der Intershop eBusiness Modeling Methode

5.3.9 Diplom-Betriebswirtin (BA) Marketing-Kommunikation

Einzelne Schwerpunkte des Verantwortungsbereiches von Frau (Name) waren:

- Unterstützung der Vertriebspartner bei der Entwicklung und Umsetzung von Marketingstrategien
- Strategische Marktpositionierung des Namens AVAYA in Deutschland und der Schweiz
- Entwicklung und Durchführung von Programmen zur effektiven und nachhaltigen Vermittlung der Avaya Unternehmenswerte
- Enge Zusammenarbeit und Abstimmung mit dem EMEA MARCOm Team
- Budget- und Marketing Programm Ergebnisverantwortung

5.3.10 Diplom-Informatiker (FH)

Im Einzelnen lagen die Tätigkeiten von Herrn (Name) in der Definition und Abstimmung der erforderlichen Prozesse und Systeme im Bereich Aktivierung der Leistungssteigerung durch Prozessoptimierung, ferner war er für die folgenden Aufgaben zuständig:

- Planung für die Weiterentwicklung der beteiligten IT-Systeme
- Entwicklung der Strategie für die zukünftige Positionierung des Webshops
- Planung und Umsetzung von webinternen Maßnahmen zur Verkaufsförderung sowie Koordinierung der geplanten Aktivitäten mit Marketing- und Rechtsabteilung
- Steuerung von informationstechnischen Dienstleistungen

5.3.11 Diplom-Informatiker (FH) Medieninformatik

Zu den vorrangigen Aufgaben von Herrn (Name) gehörten:

- selbstständige Programmentwicklung von Echtzeit-Software, d. h. Analyse, Design, Codierung, Modultest einschließlich Erstellung der zugehörigen Dokumentation
- selbstständige Integration eines Teilbereiches eines komplexen Echtzeit-Software-Systems
- Koordinierung von Fehlermeldungen und zugehöriger Korrekturarbeiten für ein Software-Entwicklungsprojekt während der Zeit der Integration

5.3.12 Diplom-Ingenieur (FH) Logistik

Der Wirkungs- und Verantwortungsbereich von Herrn (Name) umfasste im Wesentlichen die selbstständige Erledigung folgender Arbeiten:

- Koordination aller logistischen Abläufe im Geschäftsprozess
- Überwachen der Einhaltung relevanter QS-Verfahrensanweisungen
- Controlling von Lagerwert, Lagerstruktur und lokalem Serviceniveau

- Verantwortlich für den physischen Warenfluss und den Auffüllgrad unter Berücksichtigung der kommerziellen und logistischen Ziele
- Sicherstellung der effizienten Warenhantierung und des effektiven Warenflusses unter Einhaltung aller gesetzlichen und internen Vorschriften
- Gewährleisten der Funktion, richtigen Nutzung und Pflege des logistischen Warenwirtschaftssystems im Unternehmen
- Sicherstellung der effizienten Warenlegung im Full Service Lager und verantwortlich für die sachgemäße Handhabung/Wartung von Lager- und Flurfördertechniken
- Verantwortlich für alle Inventuren und für die Bestandsqualität im Einrichtungshaus
- Verantwortlich für die Einhaltung aller zentralen Routinen in seinem Bereich
- Koordination einer frequenzangepassten/bedarfsgerechten Personaleinsatzplanung und Sicherung einer guten Produktivität
- Entwicklung und Ausbildung der Mitarbeiter/innen - persönlich und fachlich
- Personalverantwortung und Führung für bis zu 15 Mitarbeiter/innen und 3 Teamleitern
- Einhaltung von Kosten, Investitions- und Personalbudgets im Bereich Logistik

5.3.13 Erzieherin

Frau (Name) arbeitete als Gruppenleiterin in einer Gruppe mit in der Regel (Zahl) Kindern. Ihr Aufgabengebiet umfasste die pädagogische Arbeit mit den Kindern, schriftliche Ausarbeitungen, Festgestaltung und Elternarbeit.

5.3.14 Fachinformatikerin (Geografie)

Frau (Name) war im Rahmen ihrer Tätigkeit im Sachgebiet Elektronische Dokumente mit der Entwicklung von konzeptionellen Lösungen für die "Geografie Bibliothek" befasst. Dies beinhaltete die Erarbeitung von Spezifikationen und die informationstechnische Realisierung komplexer Anwendungen, die Planung, Entwicklung

und Implementierung von digitalen Speicherverfahren sowie die technische Umsetzung von Langzeiterhaltungsstrategien.
Frau (Name) hat in diesem Kontext folgende Aufgabenstellungen bearbeitet: die Erarbeitung eines Pflichtenheftes für die Entwicklung eines "Depotsystems elektronischer Dokumente im Bereich Geografie", Mitarbeit bei dem vom Bundesministerium für Bildung und Forschung geförderten Projekt "Langzeitverfügbarkeit digitaler Dokumente", die Spezifikation der technischen Änderungen an einem proprietären Boot-Loader-Programm gemäß vorliegender funktionaler Vorgabe mit anschließender Realisierung und Test sowie die Fehleranalyse eines LINUX-Servers.

5.3.15 Fachkraft Lagerwirtschaft

Herr (Name) war für folgende Aufgaben zuständig:

- Annahme und Auspacken von Gütern und Waren unterschiedlichster Art
- Kontrolle, sachgerechte Lagerung und Verteilung der Waren
- Kodierung von Lieferungen und Prüfung von Wareneingangszetteln
- Einteilung und Zusammenstellung des Lagers unter sicherheitstechnischen Aspekten
- Mitarbeit bei der Erledigung von Transport- und Umschlagaufgaben
- Selbstständige Entscheidung über die Förder- und Hebezeuge zur Warenweiterleitung
- Qualitäts- und Bestandskontrollen durchführen wie etwa Mengenprüfung oder die Auswahl einer optimalen Lagerumgebung
- Warenzusammenstellung auf der Grundlage von Liefer- und Bestellscheinen
- Verpackung und Versand von Waren nach den jeweiligen Kommissionierungstechniken
- Verladen und Ausliefern von Waren

5.3.16 Fremdsprachenkorrespondentin

Frau (Name) war für die gesamte Korrespondenz mit unseren französischen Kunden zuständig. Sie nahm französische und deutsche Diktate auf, die sie kompetent mit einem Textverarbeitungssystem (Microsoft Office 97) weiter verarbeitete, zudem übersetzte sie französische Texte ins Deutsche. Außerdem erledigte sie alle anfallenden Sekretariatsaufgaben.

5.3.17 Grafiker

Die Schwerpunkte von Herrn (Name)s Tätigkeiten gestalteten sich wie folgt:

- Oberflächendesign und Navigation von Internetanwendungen
- Programmierung (HTML)
- Schulung und Beratung der Mitarbeiter in entsprechenden Softwaretools (Print und Internet) und in Gestaltfragen
- Entwicklung von Corporate Design Konzepten zu Onlineprodukten und Produktlinien (Logos und Markenzeichen)
- Erarbeitung von Printprodukten zu diversen Werbekampagnen (Flyer, Plakate, Broschüren, Merchandisingprodukte, Fahrzeugbeschriftungen)
- Außerdem war er im Auftrag eines IT-Unternehmens für die Betreuung der Marketing- und Internetabteilung einer Bank zuständig.
- Herr (Name) arbeitete mit folgenden Software-Tools (MS-DOS und Apple Macintosh):
- Layout: QuarkXPress Passport 4.0
- Bildbearbeitung: Adobe Photoshop 6.0 und Image Ready
- Grafik: Makromedia Freehand 9.2
- Internetproduktion: Makromedia Dreamweaver 4.0, Makromedia Flash 5.0
- Textverarbeitung und Präsentation: Adobe Acrobat 5.02, MS Word und PowerPoint

5.3.18 Haushaltshilfe

Frau (Name) war in unserem Zweifamilienhaus mit (Zahl) Personen für folgende Aufgaben zuständig:
- Führung des gesamten Haushaltes in Absprache mit mir
- Verwaltung der Haushaltskasse
- Hausaufgabenbetreuung der zwei Kinder (Grundschule und Realschule)
- selbstständiger Einkauf von Nahrungsmitteln und Haushaltsgütern
- Zubereitung der Mahlzeiten
- Reinigung des gesamten Hauses
- Reinigung des Gartens und der Gehwege
- Pflege der Wäsche und Kleidung
- Versorgung und Pflege des Hauskaters

5.3.19 Heilerziehungspflegerin

Frau (Name) war für die Förderung unserer Patienten in folgender Form zuständig:
- individuelle Förderpläne erstellen und führen
- pädagogische Programme für besonders verhaltensauffällige Behinderte durchführen
- therapeutische Maßnahmen planen und umsetzen
- Eigenverantwortlichkeit der Behinderten durch geeignete Maßnahmen stärken
- selbstständig lebende Behinderte individuell betreuen
- Nachbetreuung und Begleitung beim Übergang in eine weitgehend selbstständige Wohn- und Lebensform übernehmen

5.3.20 Informatikkaufmann/-frau

Zu den Tätigkeiten von Herrn (Name) gehörten:
- Ermittlung des Bedarfs an IT-Systemen und die Durchführung von Angebotsvergleichen,
- Erteilen von Aufträgen zur Beschaffung von IT-Systemen,
- Einführung in neue Systeme,

- Implementierung, Anpassung und Installation von Standard-Anwendungssystemen,
- Entwurf und Realisation individueller Anwendungslösungen unter Beachtung fachlicher und wirtschaftlicher Aspekte,
- Inbetriebnehmen, Verwalten, Koordinieren, Administrieren, Koordinieren und Nutzen von einfachen und vernetzten IT-Systemen,
- Beratung, Unterstützung, Betreuung und Schulung von betrieblichen Mitarbeitern beim Einsatz von IT-Systemen zur Abwicklung betrieblicher Fachaufgaben, Erstellen von Schulungskonzepten,
- Abgrenzen von Hard- und Softwarefehlern von Bedienungsfehlern, Veranlassen von deren Behebung.

5.3.21 IT-Consultant

Herr (Name) war für unsere Kunden, deutsche Großbanken, für folgende Aufgaben zuständig:

- Einführung eines neuen Wertpapiersystems, Mitwirkung bei der Konzeptionserstellung, bei der Integration und Schnittstellenkonzeption
- Umstellung eines Systems für zins- und Kapitaldienste im Wertpapierbereich einer deutschen Großbank auf Euro-Währung, Anpassung von Spezifikationen und Programm-Modulen,
- Einführung des Immobilien-Rastersystems Pantal
- Erstellung eines komplexen GUI-Interface auf Basis von Java

5.3.22 Kauffrau Grundstücks- und Wohnungswirtschaft

Frau (Name) erledigte im Wesentlichen folgende Aufgaben:

- Mieterbetreuung und Kontaktpflege
- Durchführung von Mietersprechstunden und Beratungsgesprächen
- Abschluss von Mietverträgen
- Vorbereitung von Vermietungen und Kündigungen

- Durchführung von Wohnungsbesichtigungen und Wohnungsabnahmen
- Pflege der Interessenten-Datenbank und Interessentenbetreuung
- Akquisition von Neukunden
- Prüfung von Anträgen und Erteilung von Genehmigungen
- Überwachung der Mietzahlungen und Bearbeitung der Saldenlisten
- Stammdatenpflege
- Durchführung der Mietanpassung bei Neuvermietungen und Bestandsverträgen
- Beschwerdemanagement
- Überwachung und Einsatz der im Bestand eingesetzten Hauswarte
- Mitwirkung bei der Umsetzung von Wohnungsprivatisierungen

5.3.23 Kaufmännischer Angestellter

Herr (Name) war für den gesamten Bereich der kaufmännischen und personellen Abwicklung verantwortlich. Herr (Name) war schwerpunktmäßig für das Erstellen der Quartals- und Jahresbilanzen und für die Liquidationsplanung und -überwachung tätig.

5.3.24 Kaufmann/-frau Groß- und Außenhandel

Zu den Aufgaben von Frau (Name) gehörten:
- Bearbeiten der Eingangs- und Ausgangspost sowie Postverteilung,
- Erstellen beziehungsweise Mitwirken beim Erstellen von Dienst- und Organisationsplänen,
- Anfertigen von Schriftsätzen, Berichten, Protokollen, Aufstellungen,
- Abwickeln des Schriftverkehrs mit Lieferanten (insbesondere Hersteller) und Kunden (insbesondere Einzelhandel, Weiterverarbeiter aus Industrie und Handwerk),
- Monatliche, beziehungsweise jährliche Betriebsübersichten,
- Erstellen von Jahresabschlussarbeiten,
- Angebote von Herstellern einholen,
- Durchführung von Angebotsvergleichen,

- Einkaufsverhandlungen führen,
- Bestellungen schreiben, Liefertermine überwachen,
- Waren annehmen und kontrollieren, Warenmängel reklamieren, Waren ein- und auslagern,
- Wert- und Kosten-Nutzenanalysen durchführen

5.3.25 Kauffrau im Einzelhandel

Frau (Name) war für folgende Aufgaben zuständig:
- Abrechnen, Kassieren,
- Bedarf für einzelne Waren ermitteln,
- Einkaufsmenge und Bestellzeitpunkt bestimmen,
- Qualitätskontrollen durchführen, Lieferantenbeurteilung erstellen, Bestell- und Einkaufskarteien (-dateien/-listen) führen,
- Waren annehmen und auspacken,
- Wareneingangskontrolle durchführen (Menge, Zustand, Lieferzeitpunkt, Vollständigkeit), Mängel feststellen und reklamieren,
- Waren verteilen bzw. einräumen,
- Lagerbestände kontrollieren und ggf. Nachbestellungen veranlassen,
- Waren auszeichnen,
- Regalpflege (verkaufsförderndes Platzieren und Präsentieren), Waren ordnen,
- Sonderaktionen planen und durchführen,
- Inventuren und Bestandskontrollen durchführen

5.3.26 Kellner

Herr (Name) war für die Bedienung unserer Gäste zuständig, daneben war er für die Tagesabrechnung und die perfekte Einrichtung seiner Tische verantwortlich.

5.3.27 Kinderpflegerin

In ihrer Position war Frau (Name) hauptsächlich für folgende Tätigkeiten zuständig:
- Pflegerische Betreuung von Kleinkindern in Angelegenheiten der Körperpflege

- Betreuung kranker, behinderter oder genesender Kinder und die Ausführung medizinischer Maßnahmen nach ärztlicher Anordnung
- Vorbereitung und Leitung von Spielen und anderen Beschäftigungsmaßnahmen zur Förderung der kindlichen Entwicklung
- Beaufsichtigung von Kindergruppen
- Malen, basteln, singen, werken und turnen mit den Kindern
- Durchführung von spielerisch-pädagogischen Angeboten zur Sinnesschulung sowie die Umsetzung der Spiel- und Sprachentwicklung
- Durchführung von Maßnahmen der lebenspraktischen Umwelterziehung
- Veranlassung von Erlebnissen der Natur- und Sachbegegnung
- Reflexion der pädagogischen Tätigkeit zusammen mit den anderen pädagogischen Fachkräften, zum Beispiel die Darstellung von Einzelfallentwicklungen
- Mitwirkung bei der Vorbereitung der Tages- und Wochenplanung. Unter anderem die Koordinierung der geplanten Aktivitäten und pädagogischen Angebote für eine Gruppe
- Auswahl und Bereitstellung von konstruktivem und fantasieförderndem Spiel- und Lernmaterial
- Instandhaltung von Spiel- und Lernmaterial
- Mitwirkung bei der Konzeption von erzieherischen und förderpädagogischen Maßnahmen
- Planung, Vorbereitung und Durchführung von Festen
- Zusammenstellung von Mahlzeiten nach modernen ernährungswissenschaftlichen Richtlinien

5.3.28 Koch

Herr (Name) war für die Zubereitung der jeweiligen Tagesmenüs mitverantwortlich, ferner war er für die Reinigung der Maschinen zuständig.

5.3.29 Marketing Assistent/in

In unserem Unternehmen hatte Frau (Name) folgende Tätigkeiten auszuüben:

- Herstellung von Kontakten persönlicher, telefonischer und schriftlicher Art zu unseren Geschäftspartnern im Ausland,
- Fremdsprachliche Geschäftsbriefe nach deutschen Stichworten, Diktatvorgaben oder schriftlichen Vorlagen selbstständig texten und ausfertigen,
- Fremdsprachliche Geschäftskorrespondenz, wirtschafts- oder unternehmensbezogene Texte (zum Beispiel Prospekte, Berichte oder Zeitungsartikel) übersetzen,
- Fremdsprachliche E-Mails empfangen, texten und verschicken,
- Mitwirkung bei Qualitäts- und Preisverhandlungen,
- Betreuung wirtschaftlich bedeutender Kunden im Ausland in der jeweiligen Fremdsprache,
- In der (das In- und Ausland betreffenden) Marktforschung mitarbeiten,
- An werbe- und verkaufsfördernden Maßnahmen auch in Bezug auf ausländische Kunden mitwirken,
- Mitwirkung bei Firmenpräsentationen auf Messeständen,
- Einarbeitung ihrer Nachfolgerin

5.3.30 Marketing und Kommunikation – Referentin

Die Schwerpunkte von Frau (Name)s Tätigkeitsbereichen lagen in der eigenverantwortlichen Erledigung folgender Aufgaben:

- Konzeption und Umsetzung des Messekonzeptes in enger Zusammenarbeit mit dem französischen Headquarter
- Planung und Kontrolle eines Kommunikationsbudgets in zweistelliger Millionenhöhe
- Entwicklung und Umsetzung aller kommunikationsrelevanten Maßnahmen für die TRANSDORI-Gesellschaften im deutschsprachigen Raum: Werbung, Pressearbeit, Dokumentation, Veranstaltungsmanagement, interne Kommunikation
- Koordination des Aufbaus sowie Verantwortung für den reibungslosen Ablauf während der Messe-Standleitung

- Organisation von internen Kickoffs sowie externen Veranstaltungen (Partnerveranstaltungen, Sportveranstaltungen im Rahmen der TRANSDORI-Sponsorschaft z. B. im Bereich der Formel 1 oder Leichtathletik)
- Personalverantwortung für die externen Mitarbeiter im Bereich Service / Catering, Info, Promotion
- Budgetplanung und Kontrolle
- Aufbau der Internetseite für Central Afrika
- Umsetzung der gesamten Werbemaßnahmen
- Ansprechpartner für die Verlagsvertreter
- Steuerung der Werbe- und Mediaagentur

5.3.31 Medienassistent

In dieser Funktion war Herr (Name) verantwortlich für:

- Strategisches Planen, Konzeptionieren sowie Durchführen von Image- und Produktwerbung, gezielten Media-Einsätzen und Agentur-Management
- Aufbauen und Implementieren einer CI und CD für das Unternehmen
- Erstellen eines Literaturkonzepts und Produktion von Broschüren
- Planen und Konzeptionieren von Messebeteiligungen und Marketing Events, Mitarbeiterveranstaltungen, Kongressen bzw. Seminaren sowie spezieller Kundenveranstaltungen
- Durchführen von Programmen mit Neuen Medien in der Unternehmenskommunikation und Sponsoring

5.3.32 Online Marketing Projektmanager

Herr (Name) hat die Homepage der (Firma) maßgeblich miterstellt (grafisch wie auch technisch). Auch nach der Fertigstellung war er mitverantwortlich für den redaktionellen Inhalt und dessen technische Implementierung. Im Rahmen dieser Arbeit hat er interne Guides für Suchmaschinen Marketing geschrieben. Herr (Name) leitete ferner Projekte wie die Entwicklung und Einführung eines Contentmanagement-Systems, außerdem war er an der Leitung von Event-orientierten Sondermaßnahmen für das Internet beteiligt.

Herr (Name) nahm in unserem Auftrag an Lotus Notes Designer Schulungen teil, um die bestehenden Lotus Notes Struktur der (Firma) in das Internetangebot zu integrieren. Somit konnte er Internetpräsenzen auf Basis von Lotus Domino Server aufbauen. Im Rahmen seiner Tätigkeit hat Herr (Name) zwei Diplomanden betreut, ferner stand er für besondere Aufträge in der Abteilung Mediadesign stets zur Verfügung, designtechnisch wie umsetzungstechnisch.

5.3.33 Personalkaufmann

In unserem Unternehmen erfüllte Herr (Name) die folgenden Tätigkeiten:

- Personalbüro selbstständig und eigenverantwortlich managen, verschiedene Prozesse z. B. in Aus- und Weiterbildung, Gehaltsabrechnung oder Personalcontrolling koordinieren und gestalten,
- Den Personalbereich in die Gesamtorganisation des Unternehmens einbinden,
- Leitungs- und Führungsaufgaben einschließlich Aufgaben der bereichsbezogenen Aus- und Weiterbildung sowie der Personalentwicklung im speziellen Funktionsbereich wahrnehmen,
- Tragen von Kostenverantwortung,
- Personal- und Einstellungsgespräche, Konferenzen, Sitzungen, Besprechungen, Meetings und Dienstreisen vorbereiten, organisieren, betreuen und nachbearbeiten, z. B. Beratungsunterlagen beschaffen, Protokolle erstellen,
- Briefe, Schriftsätze und Berichte nach generellen Anweisungen und Vorgaben selbstständig abfassen, Korrespondenz mit Sozialversicherungsträgern, Krankenkassen etc. abwickeln,
- Termine koordinieren, Fristen überwachen; Besucherverkehr regeln,
- Einarbeitung zweier Sekretariatskräfte in die jeweiligen Zuständigkeitsbereiche

5.3.34 Pharmareferentin

Folgende Aufgaben lagen in Frau (Name)s Verantwortung:

- Umsetzen ihrer Verkaufsstrategien mit allen pharmazeutischen und kaufmännischen Beschreibungen inklusive der Preisgestaltung
- Erstellen der Monatsberichte in enger Abstimmung mit dem Geschäftsführer
- Gewinnung von Neukunden
- Erstellen von Standortanalysen bezüglich Wettbewerber
- Bestellkontionen für Apotheken

5.3.35 Pharmazeutisch-Technische Assistentin

Frau (Name) war überwiegend im Handverkauf und in der Rezeptur tätig, ebenso hat sie die Defektur und die Prüfung von Ausgangstoffen einschließlich aller Dokumentationen erledigt. Das Anmessen von Kompressionsstrümpfen, einschließlich der evtl. notwendigen Hausbesuche, hat sie mit sehr großem Einfühlungsvermögen und Verständnis für die Patienten durchgeführt. Die Abgabe von Arzneimitteln mit patientengerechter Weitergabe der dazu gehörenden Fachinformationen profitierte von Frau (Name)s gutem Fachwissen.

5.3.36 Prüfungsassistent

Herr (Name) wurde nach der erfolgreichen Einarbeitung in die Aufgaben des Prüfungswesens als Prüfungsassistent eingesetzt. Unter der berufsüblichen Aufsicht eines Wirtschaftsprüfers war er bei der Durchführung von Jahresabschluss- und Quartalsprüfungen tätig. Der Kreis der Mandanten umfasste hierbei Handels- und Industrieunternehmen verschiedener Größe - von kleinen und mittleren Kapitalgesellschaften bis hin zu börsennotierten multinationalen Konzernen - aus den unterschiedlichsten Bereichen wie z. B. aus der Automobil- und Raumfahrtindustrie.

Zu Herrn (Name)s Aufgabengebiet gehörte die Prüfung des Anlagevermögens, der Forderungen der sonstigen Vermögensgegenstände, der Verbindlichkeiten und GuV innerhalb von Einzel- und Konzernabschlussprüfungen nach IAS. Bei seiner Arbeit setzte er sich erfolgreich mit Bilanzierungs- und Bewertungsproblemen auseinander. Im Rahmen von Ablaufuntersuchungen lernte Herr Musil verschiedene Organisations-, Buchhaltungs- und Kostenrechnungssysteme sowie das interne Berichtswesen kennen, mit diesen Instrumenten leistete er stets gute Arbeit.

5.3.37 Rechtsanwaltsfachangestellte/r

Zu den Aufgabenbereichen von Frau (Name) gehörten folgende Tätigkeiten:

- Vertretungsaufträge in einem Rechtsstreit entgegennehmen,
- Beurkundungsaufträge entgegennehmen, Informationen für die Formulierung und Gestaltung von Urkunden einholen,
- Besprechungstermine vereinbaren und vorbereiten,
- Mandanten über notwendige Unterlagen für Besprechungstermine informieren,
- Mandanten empfangen und Vorbesprechungen führen,
- Mandanten über den jeweiligen Sachstand von Rechtsangelegenheiten informieren,
- Akten anlegen und führen,
- Register (zum Beispiel für die Gesamtheit aktueller oder bearbeiteter Vorgänge), Urkundenrollen, Erbvertragsregister und Verwahrungs- und Massenbuch für hinterlegte Gelder führen,
- Registerauszüge beschaffen (z. B. aus dem Handels-, Vereinsregister, Grundbuch), Unterlagen aus Archiven besorgen,
- Termin- und Fristenkalender für Gerichts-, Besprechungstermine und Zahlungsfristen führen,
- Abgeschlossene Fälle ordnungsgemäß ablegen, vollzogene Urkunden einsortieren,
- Fachzeitschriften betreuen, neue Gesetzestexte und Urteile in Loseblattsammlungen einsortieren

5.3.38 Restaurantfachfrau

Frau (Name) war für die Abwicklung des Restaurant- und Bankettservice zuständig. Sie war für folgende Aufgaben zuständig:

- Organisation und Durchführung des Bankettservice
- Gestaltung und Erstellung von Speisen- und Getränkekarten

- Abwicklung des À la carte Service wie z. B. die Beratung der Gäste bei der Speisen- und Getränkewahl sowie deren optimale Abfolge oder die Zusammenstellung von Menüs mit mehreren Gängen unter besonderen Berücksichtigung der Kundenwünsche
- Bestellung an Küche und Getränkeausgabe bzw. Büffet herausgeben
- Servieren von Speisen und Getränken nach unseren betrieblichen Vorgaben
- Durchführung des Frühstückservice
- Besondere Zubereitung von Speisen am Tisch der Kunden wie etwa tranchieren oder flambieren
- Zubereitung von Mixgetränken und Cocktails im Barbereich
- Erledigung der Abrechnung mit unserer Computerkasse auch beim Zahlungsverkehr mit Fremdwährungen und Kreditkarten
- Versorgung der Tische mit frischer Tischwäsche, Tischschmuck und neuem Geschirr
- Aufstuhlung nach Ende des Gastbetriebes
- Abrechnung der Tageseinnahmen

5.3.39 Sachbearbeiterin Einkauf

Frau (Name) erstellte Marktanalysen und Angebotsvergleiche für den Einkauf von Kunststoffmaterialien für unsere Herstellungsabteilung. Sie war für ein Einkaufsvolumen von 2 Millionen Euro pro Jahr verantwortlich. Sie kontrollierte die Warenlieferungen ebenso wie die Rechnungen, bei Beanstandungen bearbeitete sie die Reklamationen. Bestellungen und Verbuchen der Waren verwaltete Frau (Name) mit dem Personal-Computer.

5.3.40 Schreibkraft

Frau (Name) war für das Schreiben von Briefen, Rechnungen und Angeboten nach Vorlagen zuständig. Die Schreibarbeiten erledigte sie mit dem Computer und der Microsoft Office Software. Außerdem war sie für den Versand der Post und die Bedienung des Fax-Gerätes zuständig.

5.3.41 Sekretärin

Die Schwerpunkte von Frau (Name)s Tätigkeiten gestalteten sich wie folgt:

- Organisation des gesamten Sekretariats
- Schriftverkehr bis hin zu Flugbuchungen
- Komplette PC-Verwaltung vom Erstellen von Vorlagen bis hin zur optimalen Verwendung einzelner Programme (z. B. Microsoft Word, Excel, Windows)
- Kundenpflege und Kundenkontakte
- Terminüberwachung der Geschäftsleitung

5.3.42 Sekretärin Direktion

Zu den Hauptaufgaben von Frau (Name) gehörte:

- Organisation des Sekretariats
- Erstellen der Monatsberichte der Abteilungen für die Geschäftsleitung
- Erstellen und Pflege von Statistiken, u. a. Produktionsreporte, Krankenstand
- Zweisprachige Korrespondenz - selbstständig, nach Vorlage oder Stichworten
- Planen und Organisieren von internen und externen Besprechungen einschließlich der gesamten Logistik- Sichten und Aufbereiten von Geschäftsvorgängen, um eine effiziente Entscheidungsfindung zu gewährleisten
- Vorbereiten von Geschäftsreisen, Organisation von Besprechungen/Tagungen inklusive Hotelbuchungen, Logistik und Bewirtung sowie Betreuung externer Besuchern
- Erstellen von Präsentationen

5.3.43 Sekretärin Geschäftsführung

Zu den Hauptaufgaben von Frau (Name) zählten:

- Organisation sowie selbstständige Gestaltung und Durchführung aller Sekretariatsarbeiten zur Sicherstellung eines reibungslosen Ablaufs des Tagesgeschäfts

- Erstellen der Monatsberichte der Abteilungen für die Geschäftsleitung in enger Abstimmung mit den Abteilungsleitern und der Werkleitung
- Erstellung und kontinuierliche Verfolgung der MbO-Ziele für die Führungsebenen 2 und 3 des Standortes
- Erledigung aller Korrespondenz, auch in eigener Verantwortung, sowie Aktenführung
- Unterstützung des Betriebsleiters durch Entlastung von administrativen Aufgaben;
- Terminplanung, -koordination und -verfolgung
- Reiseplanung, -vorbereitung und -abrechnung
- Bearbeiten und Verteilen der Eingangspost für das gesamte Werk
- Bearbeitung der SAP-Kostenstellenberichte
- Erstellen und Pflege von Statistiken, u. a. Produktionsreporte, Krankenstand
- Vorbereitung von turnusmäßigen Review-Meetings sowie der Betriebsversammlungen
- Organisation sowie Vor- und Nachbereitung von in- und ausländischen Kunden- und Geschäftsbesuchen, Schulungen, internen Besprechungen sowie turnusmäßigen Konferenzen und Abstimmungsgesprächen der GHW-Mitarbeiter der deutschen Standorte sowie von Sonderveranstaltungen wie beispielsweise Jubiläumsfeiern
- externe Ansprechpartner für die örtliche Presse, interne Ansprechpartner für Pressearbeit

5.3.44 Softwareprogrammierer

Herr (Name) war für die Entwicklung eines Verkaufssystems auf der Grundlage des Betriebssystems Linus verantwortlich. Außerdem assistierte er bei einem Großprojekt und bei einem kleinen Projekt.

5.3.45 Sozialversicherungsfachangestellte

In dieser Funktion hat Frau (Name) folgende Tätigkeiten ausgeübt:

- Beratung von Arbeitgebern und Arbeitnehmern in allen krankenversicherungsrelevanten Tätigkeiten sowie die Klärung von Versicherungsverhältnissen

- Erteilung von Auskünften über Versicherungspflicht, Versicherungsfreiheit und freiwillige Versicherung
- Bearbeitung der An- und Abmeldung von Versicherten beim Arbeitgeber
- Erfassung von Meldetatbeständen und Unterstützung der Arbeitgeber bei der Erfüllung ihrer Meldepflicht
- Feststellung von Krankenkassenzuständigkeiten
- Gewinnung neuer Kunden
- Berechnung von Beiträgen sowie deren Einziehung und Überwachung
- Abwicklung der Beitragserstattung in Zusammenarbeit mit dem Arbeitgeber unter Berücksichtigung von Beitragsdifferenzen
- Information von Kunden über Leistungen im Krankheits- und Pflegefall sowie im Bereich der Gesundheitsfürsorge
- Bescheinigen von Kassenleistungen wie Vorsorgemaßnahmen, ärztliche Behandlungen, Krankenhausbehandlungen und Heilmittel
- Beratung bei Fragen zum Zahnersatz, Krankengeld, Mutterschaftsgeld, Sterbegeld, Fahrtkosten und Haushaltshilfe
- Ausfüllen von Berechtigungsscheinen für die Leistungsinanspruchnahme im Ausland
- Allgemeine Verwaltungsaufgaben

5.3.46 Steuerberater

Herr (Name) war für folgende Tätigkeiten zuständig:

- Erstellung von Jahresabschlüssen für Unternehmen vorwiegend aus der Möbelindustrie
- wirtschaftliche und steuerliche Beratung unterschiedlichster Unternehmen und Rechtsformen (Schwerpunkt: betriebswirtschaftliche Beurteilung von Investitionen)
- Erstellung von Schlussbilanzen bei Unternehmensumwandlungen
- Bearbeitung von außergerichtlichen Rechtsbehelfen
- Erstellung von Steuerbelastungsvergleichen
- Anfertigung von Steuererklärungen in allen Steuergebieten
- Prüfung von Steuerbescheiden

5.3.47 Steuerfachangestellte

Zu den Hauptaufgaben von Frau (Name) gehören:

- Überprüfen von Unterlagen der Mandanten, wie etwa Kassenbücher, Rechnungen, Bankbelege
- Verarbeitung von Geschäftsvorfällen der Mandanten und Mandantinnen zu einer ordnungsgemäßen Buchführung
- Bereits außerhalb erstellte Buchführungen rechnerisch und sachlich kontrollieren
- Jahresabschlüsse erstellen
- Arbeitnehmer/Arbeitnehmerinnen bei den Sozialversicherungsträgern an- und abmelden
- Lohnsteuerkarten und Versicherungsnachweise führen
- Lohnsteuer, Kirchensteuer und Sozialabgaben berechnen
- Mitwirken bei der Erstellung von Lohnsteueranmeldungen, Umsatzsteuervoranmeldungen, Umsatzsteuer-Jahreserklärungen sowie Einkommensteuer- und Gewerbesteuererklärungen mitwirken
- Postein- und Ausgang kontrollieren

5.3.48 Steuerfachgehilfin

Frau (Name) wirkte an zahlreichen verschiedenen Aufgaben bereits von Beginn an mit, im Mittelpunkt ihrer Tätigkeiten stand die selbstständige Betreuung unserer Mandanten in den folgenden Tätigkeitsfeldern:

- Bearbeitung von Gewerbe-, Einkommen-, Umsatz- und Körperschaftssteuererklärungen
- Erstellung von Einnahmen-Überschuss-Rechnungen
- Lohn- und Finanzbuchhaltung
- Überprüfung von Online-Steuererklärungen unserer Mandanten
- Komplette PC-Verwaltung der Kundendaten (z. B. Microsoft Word, Excel)
- Terminüberwachung der Geschäftsleitung

5.3.49 Systemtechniker

Herr (Name) war für die Betreuung unserer PC-Systeme zuständig. Zu seinen Hauptaufgaben gehörten:

- Vernetzung von Druckern und Computern
- Installation von Software
- Erledigung von leichteren Reparatur-Arbeiten
- Mitarbeit bei der Bestellabwicklung

5.3.50 Telefonistin

Frau (Name) nahm in unserem Unternehmen alle Gespräche an und verband die Gesprächsteilnehmer mit den entsprechenden Kollegen in den verschiedenen Abteilungen.

5.3.51 Tierärztin

Frau Dr. (Name) war als Projektleiterin des Projektes Schnelltest im Geschäftsfeld Molekulare Diagnose tätig. Ziel des Projektes war die Adaptation einer Immunisierung mit Proteinfragmenten zur Markierung von Nutztieren und der Nachweis spezifischer Antikörper in deren Produkten (Fleisch/Milch) mittels spezifischer Tests. Das Aufgabengebiet von Frau Dr. (Name) umfasste die wissenschaftliche Projektplanung und -leitung. Der Projektfortschritt wurde von ihr auf Quartalsbasis im Rahmen des internen Berichtswesens dokumentiert.
Die Machbarkeitsstudie und die Versuche zur Optimierung des Regimes an Rindern wurde als genehmigungspflichtiger Tierversuch eingestuft: Frau Dr. (Name) übernahm die Antragstellung und war für die Kontakte zu den Genehmigungsbehörden verantwortlich. Forschungsbegleitend organisierte Frau Dr. (Name) Kontakte zu Zulassungsbehörden und Landwirten und gewann einen Schlacht- und Zerlegebetrieb als Kooperationspartner für Versuche zum Nachweis der Markierung während des Fleischreifungsprozesses.
In Abstimmung mit dem Patentanwalt oblag Frau Dr. (Name) die Vorbereitung von Stellungnahmen zu Entgegenhaltungen für alle projektrelevanten Patente sowie die inhaltliche Ergänzung und Ak-

tualisierung deutscher Patenanmeldungen im Rahmen von internationalen Nachanmeldungen.
Frau Dr. (Name) erstellte und aktualisierte die projektbezogenen Qualitätsmanagementunterlagen und war verantwortlich für die Abfassung von Standardarbeitsanweisungen im Projekt Schnelltest. Weiterhin verfasste Frau Dr. (Name) Berichte für Fördermittelgeber und sie präsentierte das Projekt mehrfach vor verschiedenen Gremien, einschließlich Veranstaltungen des Fleischereigewerbes, des Bauernverbands und einer Risikokapital-Gesellschaft.
Zur Vorbereitung des Börsenganges erstellte Frau Dr. (Name) unterstützt durch die kaufmännische Abteilung den Projektbusinessplan. Zusätzlich half sie bei der Betreuung möglicher Verkaufs- und Vertriebskontakte. Dazu arbeitete Sie zielgruppenspezifische Präsentationsunterlagen und Anträge für unterschiedliche Adressatenkreise, welcher Ministerien, Verbraucherorganisationen, Einzelhandelsvertreter und Banken umfasste, aus.

5.3.52 Verkäufer

Zu den Aufgaben von Herrn (Name) zählten:

- Kundenwünsche ermitteln, Waren/Artikel vorführen und Kunden beraten und informieren
- Aufnahme von Reklamationen und Reservierungen
- Annahme von Reparaturaufträgen für Tennisschläger und selbstständiges Bespannen von Schlägern
- Abrechnen, kassieren
- Mitwirkung bei der Art, Breite und Tiefe des Sortiments bzw. der -planung (Berücksichtigen von Kundengruppen, neuen Waren, Marktsegment, Konkurrenzangebotspalette)
- Kontaktpflege zu lokalen Sportvereinen / Stammkunden
- Waren annehmen und auspacken
- Führung der Lagerkartei und -statistik
- Kontrolle und ggf. Nachbestellung von Lagerbeständen
- Auszeichnen von Waren
- Mitwirkung bei Inventur und Bestandskontrolle

5.3.53 Verkaufsaufsicht Spielhalle

Zu Frau (Name)s Aufgaben gehörte die eigenverantwortliche Spielhallenaufsicht und die Betreuung und Bewirtung der Gäste. Außerdem war sie für die Kassenverwaltung verantwortlich.

5.3.54 Verkaufsleiter Innendienst

Herr (Name) ist verantwortlich für die Erstellung und Einhaltung eines auf sein Geschäftsfeld bezogenes Budget sowie die Entwicklung und Umsetzung der neuen Vertriebs- und Marketingstrategie. Hierzu gehörte die Überführung unserer ehemaligen Service-Center in selbstständig wirtschaftende Service-Partner. Außerdem wurden unter der Leitung von Herrn (Name) externe Partnerbetriebe akquiriert und vertraglich an unser Unternehmen gebunden.

5.3.55 Vertrieb - Regionalleiterin

Zu den zentralen Aufgaben von Frau (Name) gehörten:

- Einführung eines neuen Vertriebssystems
- Selbstständige und eigenverantwortliche Kundenbetreuung
- Kundenberatung im SAP-Umfeld
- Vertrieb von Dienstleistungsprojekten
- Erstellen und präsentieren von Outsourcing-Lösungen
- Auf- und Ausbau des Projektportfolios
- Leiten von Vertriebsmeetings
- Coachen von Vertriebskollegen
- Mitarbeit bei der Planung und Durchführung von Messen
- Organisation von Kundenveranstaltungen
- Aufbau und Pflege der Herstellerbeziehungen

5.3.56 Vertriebsassistentin

Die Schwerpunkte von Frau (Name)s vielseitigen Tätigkeiten gestalteten sich wie folgt:

1. Vertriebs-Aktivitäten:

- Internet-Recherche zu Kundendaten (Adresse, Betriebsgröße usw.)

- Koordination eingehender Kunden- und Berateranfragen
- Erstellen, Korrigieren und Zusenden von Angeboten, Verträgen, Systemanforderungen
- Erstellen von Präsentationsunterlagen/ Foliencharts mit Powerpoint
- Pflege der Interessenten- und Kundenadressen auf EDV-Basis und in Ablageform
- Organisation und Überwachung von internen Sitzungen, Schulungen, Workshops, Präsentationen, Partnerbesprechungen
- Erfassung der Tätigkeitsnachweise und Übergabe/ Neuanlage aller Mitarbeiternachweise

2. IT-Aktivitäten:

- Programmieren und Anpassen von Adressdatenbanken in MS-Access
- Verwaltung aller Formulare und der Know-how Datenbank Lotus Notes
- Lotus Notes: Projektmanagement, Programmieren, Dokumentenverwaltung
- Programmieren in Word und Excel
- Betreuung und Einweisung neuer Mitarbeiter in Microsoft Office Programme

3. Controlling:

- Vertragscontrolling zur Überführung der DITRS-Kundenverträge
- Kontrolle der Lizenzen und Versionierung
- Analyse der Verträge bezüglich Standardoption und Sondervereinbarung
- Analyse der vereinbarten Zahlungsmodalitäten und gegebenenfalls Abweichungen und Sonderkonditionen
- Erstellen und fortlaufende Erfassung der Projektstandsberichte
- Erfassen und tracking von Controlling Informationen, um finanzielle und organisatorische Reports auszuarbeiten (MS-Excel und MS-Powerpoint)

4 Allgemeine organisatorische Aktivitäten:

- Einarbeitung neuer Mitarbeiter in der Verwaltung
- Termin- und Reisekoordination einschließlich der dazugehörigen Flug-, Bahn-, Mietwagen- und Hotelbuchungen

- Bearbeitung der Eingangs- und Ausgangsrechnungen (Rechnungskontrolle)
- Prüfung und Aufbereitung von Rechnungen für die Buchhaltungs-Abteilung
- Einkauf: Angebotseinholung und Beschaffung von Büromaterialien, EDV-Zubehör, Verbrauchsmaterial
- Bank- und Kassenverwaltung

5.3.57 Werbekaufmann

Zu den Tätigkeiten von Herrn (Name) zählten besonders:

- Beschaffung, Ordnung und Aufbereitung von Grundlagenmaterial über Unternehmen, Werbeobjekte u.ä.
- Erfassung von Preis-, produkt- und absatztechnischen Maßnahmen und Vorgehensweisen im Unternehmensbereich
- Archivierung statistischer, quantitativer und qualitativer Untersuchungen aus der Markt- und Meinungsforschung
- Durchführung von Wirtschaftlichkeitsuntersuchungen und Prüfung von Geschäftsbedingungen
- Einholen von Angeboten bei Druckereien, Fotografen oder Filmstudios
- Errechnen und kalkulieren von Preisen nach Angebotslage
- Kostenerfassung, Auftragserteilung und Abwicklung
- Beratung von Kunden hinsichtlich Art, Umfang und Zweckmäßigkeit von Werbemaßnahmen
- Klärung rechtlicher, besonders wettbewerbsrechtlicher Fragen
- Zusammenstellung von Dienstleistungsangeboten der Agentur
- Entwicklung eigener Werbestrategien aus Briefing und Ergebnis von Marktforschungsanalysen
- Durchführung von Mediaplanung und Mediaeinkauf in enger Anlehnung an die Kommunikationsstrategie
- Durchführung von Aufgaben in der Produktion: wie etwa kleinere satztechnische Aufgaben oder agentureigene Reproduktionstechniken

5.3.58 Zahnarzthelferin

Frau (Name) war hauptsächlich für folgende Tätigkeiten zuständig:

- Empfang von Patienten und Anlegen persönlicher Karteikarten
- Betreuung ängstlicher und nervöser Patienten im Wartezimmer
- Patienten und Patientinnen nach der Behandlung beraten und auf Prophylaxemaßnahmen hinweisen
- Assistenz bei der Behandlung. Im Besonderen:
- Vorbereitung benötigter Instrumente, Präparate und Hilfsmittel für die jeweilige Behandlung
- Bereitstellung von Füllungs- und Abformmaterialien
- Bei Behandlungsmaßnahmen, konservierenden oder chirurgischen Eingriffen, Parodontaltherapien, prothetischen Maßnahmen sowie auf dem Gebiet der Kieferorthopädie Hilfe leisten, dabei je nach Behandlungsart Operationen vorbereiten, Absauggeräte bedienen zum Absaugen von Speichel, Bohrstaub und Kühlwasser während der Behandlung
- Benötigte Instrumente sowie Füllungs- oder Abformmassen, Nahtmaterial u. a. Hilfsmittel zureichen
- Anfertigung von Röntgenaufnahmen des ganzen Gebisses oder einzelner Zähne unter Anleitung und Aufsicht und unter Beachtung der Strahlenschutzvorschriften
- Vorschriftsmäßige Aufbewahrung und Kennzeichnung von Röntgenaufnahmen
- Ggf. in Notfallsituationen, zum Beispiel bei Nachblutungen, Ohnmacht, Kollaps, Schock von Patienten assistieren und Hilfe leisten
- Aufräumen, säubern und desinfizieren des Behandlungsplatzes nach der Behandlung
- Durchführung einfacher Prothesenreparaturen, zum Beispiel bei Bruch von Prothesen, gelockertem Prothesenzubehör, Sprüngen, Wiederbefestigung von Zähnen
- Polier- und Fräsarbeiten, zum Beispiel an Gipsmodellen bzw. an Prothesenrändern durchführen
- Zusammenarbeit mit Dentaldepots, Dentallabors, zahntechnischen Labors abwickeln, zum Beispiel Praxismaterial bestellen (z. B. Amalgam, Instrumente, Röntgenfilme)

- Privatrechnungen ausstellen, den Eingang von Behandlungsausweisen und Privathonoraren überwachen, gegebenenfalls Mahnverfahren einleiten
- Schriftverkehr mit Patienten und Patientinnen, Versicherungsträgem, Berufsorganisationen, Lieferanten erledigen; Befunde, Krankheitsberichte schreiben, Arzt- und Überweisungsschreiben nach Vorgabe bzw. Diktat erstellen, Behandlungsausweise anmahnen, Formulare ausfüllen

5.4 Führungskräfte

5.4.1 Bäckermeister

In dieser Funktion war Herr (Name) u. a. für folgende Aufgaben zuständig:

- Kontrolle und Lagerung von Roh- und Zusatzstoffen, Halbfabrikaten und Fertigerzeugnissen
- Abwicklung sämtlicher Backvorgänge in unserer Großbäckerei
- Genaueste Überwachung bei der Herstellung von Backerzeugnissen wie verschiedenen Brotsorten, Kleingebäck, Brötchen, Hörnchen, Dauerbackwaren und Saisongebäck. Hier ist besonders auf folgendes zu achten: Zusammenführung von Rohstoffen, Ansetzen und Fortführen von Sauerteig, Hefeansätze bearbeiten, Hefe-, Blätter- und Mürbeteig kneten, aufarbeiten und formen, Überwachung der Gärungsvorgänge, Bedienung und Wartung von Geräten und Maschinen, Heizen, Bedienen und Warten von Backöfen
- Herstellung und Abröstung spezieller Massen wie Makronen oder Bienenstich unter Zusammenführung von Rohstoffen, dem Rühren und Abfüllen von Massen sowie dem Aufdressieren von Massen
- Ständige Qualitätskontrolle durch Beurteilen und Prüfen der Erzeugnisse nach Kriterien und Vorgaben des Betriebes
- Ausbildung der Lehrlinge
- Reinigung, Pflege und Wartung von Arbeitsgeräten

- Programmierung und Einrichtung unserer Backstraßen unter Abwägung der besonderen Auslastungsquoten
- Planung der einzelnen Herstellungsschritte in Absprache mit den Gesellen
- Kreation eigener Rezepturen für neue Produkte, besonders für Vollkornprodukte
- Einkauf, Preisvergleich und sachgemäße Lagerung unserer Materialien
- Planung und Durchführung neuer Produktlinien in Zusammenarbeit mit unseren Franchiseunternehmen

5.4.2 Bauvertriebsleiter

Herr (Name) erfüllte und verantwortete die folgenden Aufgaben:
- Akquise und Beratungen
- Übernahme der halben Umsatzverantwortung (4,5 Mio. Euro Gesamtumsatz) in einem Team von vier Mitarbeitern
- Auswahl der Grundstücke in Zusammenarbeit mit der Geschäftsführung
- Erledigung aller grundbuchrechtlichen Aufgaben in Eigenleistung oder in Zusammenarbeit mit unseren Notaren
- Vertragsverhandlung, Verkauf und Koordination der Sonderwünsche
- Werberahmen- sowie Maßnahmenplanung und Durchführung inklusive Budgetierung, Planung, Konzeption, Erarbeitung und Kontrolle unseres Werbebudgets und Budgetverantwortung über 100 bis 150 T-Euro
- Durchführung und Kontrolle der Werbemaßnahmen., Messeprojekte und PR-Veranstaltungen
- Direktmarketing aufgrund selbst gewonnener und zugekaufter Kundendaten, Werbebriefgestaltung und Gestaltung von Plakaten, Anzeigenschaltung in Printmedien, Werbemittelbeschaffung, Aufbau und Kontrolle unserer Internet-Homepage

5.4.3 Betriebsleiter Vertrieb IT

Im Rahmen seines verantwortungsvollen und vielseitigen Tätigkeitsgebietes führte Herr (Name) eigenverantwortlich folgende Aufgaben durch:

- Leitung der Bereiche Vertrieb, Entwicklung, Produktion und EDV
- Einführung des Warenwirtschaftssystems Apertum
- Durchführung von Änderungen in der Firmenorganisation
- Produktentwicklung sowie kundenspezifische Entwicklungen

5.4.4 Business Development Manager

Im Einzelnen gliederten sich Herrn (Name)s Tätigkeiten wie folgt:

- Vertrieb unserer diversen ASP-Softwarelösungen und Dienstleistungen im Bereich Customer Relationship Management in Deutschland,
- Betreuung von bestehenden Kunden im Rahmen des Account Managements sowie Gewinnung von Neukunden im Rahmen des New Business Developments,
- eigenständiges Verhandeln von Werk-, Dienstleistungs- und Wartungsverträgen,
- Einarbeitung und Betreuung eines neuen Vertriebskollegen

5.4.5 Chief Technology Officer (CTO)

Als CTO war Herr (Name) verantwortlich für Produktplanung, - design, -definition, -entwicklung und -realisierung. Hierzu gehörten insbesondere auch die Auswahl externer Zulieferer und Entwicklungspartner, die Vertragsverhandlungen und die anschließende Projektbetreuung.

5.4.6 Controlling Abteilungsleiter

In dieser Position verrichtete und verantwortete Herr (Name) vor allem folgende Tätigkeiten:

- Erstellung des handelsrechtlichen Jahresabschlusses,

- Betreuung der Finanzbuchhaltung und Erstellung der Monats- und Jahresabschlüsse,
- Ansprechpartner in allen Fragen der Rechnungsauslegung,
- Investitionsplanung und -controlling,
- Steuern/Deferred Taxes und Zölle,
- Erstellung der Plan-Bilanzen und Gewinn- und Verlustrechnungen im Rahmen des Business-Plans,
- Zusammenarbeit mit Wirtschaftsprüfern und Steuerberatern,
- Betreuung von Betriebsprüfungen

5.4.7 Controlling Abteilungsleiterin Financial Controlling

In dieser Position verrichtete und verantwortete Frau (Name) vor allem folgende Tätigkeiten:

1. Financial Accounting & Reporting:

- Betreuung der Finanzbuchhaltung und Erstellung der Monats- und Jahresabschlüsse für die deutsche GmbH und die Schwestergesellschaften in Österreich und der Schweiz im Rahmen eines Financial Shared Service,
- Betreuung der Anlagenbuchhaltung nach US GAAP sowie nach Handels- und Steuerrecht,
- Ansprechpartner in allen Fragen US-amerikanischer und deutscher bzw. österreichischer Rechnungsauslegung,
- Erstellung des handelsrechtlichen Jahresabschlusses für die deutsche GmbH,
- Investitionsplanung und -controlling,
- Zusammenarbeit mit Wirtschaftsprüfern und Steuerberatern,
- Betreuung von Betriebsprüfungen.

2. Cost Accounting:

- Ermittlung und Analyse der Herstellungskosten (Cost of Goods Sold) im Rahmen der Monats- und Jahresabschlüsse nach US GAAP,
- Koordination des gesamten Business-Plan-Prozesses,
- Kalkulation der Intercompany-Verrechnungspreise in Zusammenarbeit mit dem European Logistic Center in Zug (Schweiz),

- Bewertung der Vorräte gemäß Handels- und Steuerrecht für die deutsche GmbH

5.4.8 Diplom-Betriebswirt (BA) Bank

Herr (Name) war für folgende Aufgaben zuständig:

- Bearbeitung des gesamten ein- und ausgehenden Zahlungsverkehrs mit externen Banken sowie internen mit der jeweiligen Konzernholding
- Disposition aller Bankkonten im In- und Ausland mit Aufnahme von Krediten und Anlage von Guthaben, Abwicklung von Währungsgeschäften (Kassa- und Termingeschäfte)
- Aufnahme und Abwicklung von Krediten der AKA-Ausfuhrkreditanstalt für Exportfinanzierungen mit den Hausbanken
- Durchführung des Scheck-Wechsel-Verfahrens mit Lieferanten; Refinanzierung mit Konzernwechsel/Privatdiskonten bei verschiedenen Banken
- Kontrolle aller Ausgangszahlungen sowie der Zins- und Spesenabrechnungen
- Abwicklung der Insolvenzfälle
- Bearbeitung und Überwachung der Bürgschaften
- Diverse Kontenabstimmungen (alle Bankkonten, Debitoren, Kreditoren), Monatsabschlussbuchungen
- Vertretung bei der Führung des Kreditoren- und Debitorenkontokorrents und der Hauptkasse
- Vertretung bei der Akkreditiv- und Inkassoabwicklung und Erstellung notwendiger Wechselziehungen auf Banken oder Kunden
- Pflege der Währungskurse in verschiedenen EDV-Systemen
- Kfz-Steuer-Bearbeitung aller Konzernfahrzeuge von der Vorgängergesellschaft TEMIC
- Erstellung des monatlichen Liquiditätsberichtes für die Konzernholding mit Vorschau für Folgemonat

5.4.9 Director Marketing & Sales

In dieser Funktion führte Herr (Name) ein Sales-Team von (Zahl) Mitarbeitern und erledigte die folgenden vielfältigen Tätigkeiten:

- Zeitungsvertrieb (Betreuung von 75 Verlagspartnern mit mehr als 2.200 Außendienstmitarbeitern): Applikations- und Vertriebsberatung
- Marketingkommunikation (Budget ca. 25 Mio. EURO p.a.): Wettbewerbspräsentationen, Vertragsverhandlungen und Umsetzung von Maßnahmen mit Agenturen für klassische Werbung und Onlinemarketing
- Telesales: Telefonverkauf für den Marktplatz Stellenanzeigen
- Research: Benchmarking, Durchführung von Usability-Tests;
- Customer Care/Servicecenter: Auftragsabwicklung, Inbound, Aufbau der Wissensdatenbank
- Produktmanagement ASP/XSP: Entwicklung der Fachkonzepte der Applikations- und Service-Dienstleistungen für die kooperierenden Zeitungsverlage

5.4.10 Director Media

Herr (Name) trug die Hauptverantwortung für den Bereich Multimedia und Technical Realisation. Dabei übernahm er mit seinem Team von bis zu fünf Mitarbeitern die Planung und Erstellung von Layouts sowie die Erstellung von Corporate Identities. Hierzu nahm er Bildbearbeitungsmaßnahmen mit allen gängigen Bildbearbeitungsprogrammen wie Photoshop, Freehand, etc. vor, um die Illustrationen optimal in die bestehenden Konzepte einzupassen. Darüber wendete Herr (Name) die Techniken Videoschnitt, Soundbearbeitung, 3D-Animation und -design sowie Animation mit Flash regelmäßig an.

5.4.11 EDV-Fachmann

Im Rahmen seines verantwortungsvollen und vielseitigen Tätigkeitsfeldes führte Herr Name eigenverantwortlich und erfolgreich unter anderem folgende Aufgaben durch: Einführung eines unternehmensweiten elektronischen Informationssystems, das sämtliche

unternehmensrelevanten Informationen beinhaltet. Einführung eines Multiprojektmanagement inkl. Business- und Ressourcenplanung, Kostensenkungsprojekte mit einem Gesamterfolg von 4,3 Mio. Euro in 2 Jahren, Benchmarkingprojekte zur optimalen Nutzung der Bankenanwendung GEBOS, einhergehend mit einer permanenten Anpassung der Ablauforganisation, Geschäftsprozessoptimierung im Kreditgeschäft, Outsourcing und Kooperationsprojekte, Koordinationsverantwortung Neubau Bankzentrale mit einem Investitionsvolumen von ca. 33 Mio. Euro, Einführung einer optischen Archivierung, Ausrichtung der IT auf den aktuellsten Stand unter Kosten-, Nutzen- und Risikoaspekten, maßgebliche Gestaltung des Arbeitskreises Organisationsfragen großer Volksbanken in Württemberg auf Organisationsleiterebene.
Mit Einführung einer neuen Aufbauorganisation wurde der Verantwortungsbereich von Herrn (Name) im Juli 2000 um den Unternehmensservice erweitert. Hierzu gehörten die Abteilungen Marktfolge Passiv, Zahlungsverkehr, Depotverwaltung und Datenkontrolle. Die Personalverantwortung erweiterte sich auf 72 Mitarbeiter, wobei 8 Mitarbeiter Herrn (Name) direkt unterstellt waren. Als Bereichsleiter Organisation und Unternehmensservice plante Herr Zille die Neustrukturierung der hinzu gekommenen Abteilungen, einhergehend mit der Anpassung der Personalkapazitäten, Optimierung des Zentralisierungsgrades sowie Ausrichtung der zentralen Servicedienste zu einem akzeptierten internen Dienstleister.

5.4.12 Entwicklungsingenieur Bildverarbeitung

Zu den Aufgaben von Herrn (Name) gehörten vor allem vorbereitende Experimente zur Sichtbarmachung und Unterscheidbarkeit von Fehlern und Demonstrationen bei Kundenanfragen. Ergänzend hierzu hat er daraus optimale Lösungskonzepte und Kurzberichte abgeleitet, die als Grundlage für die Erstellung von Angeboten und zur Realisierung von Projekten dienten.
Bei Kundenaufträgen wurden Herrn (Name) der Entwurf der Optik und Beleuchtungstechnik sowie die Konstruktion des Aufbaus der Prüfgeräte entsprechend den spezifischen industriellen Anforderungen verantwortlich übertragen.

5.4.13 Entwicklungsingenieurin Sensorphysik

Frau (Name) war für folgende Aufgaben zuständig:
- Entwicklung und messtechnische Betreuung von Sensoren/Sensorsystemen,
- Entwicklung physikalischer Messmethoden,
- Projektierung und Planung der Entwicklung von Sensoren in Zusammenarbeit mit unseren anderen Entwicklungsabteilungen (Konstruktion, Elektronik, Software),
- Erarbeitung von Messmodellen zur Berechnung von technischen Einheiten aus Rohsignalen,
- Erarbeitung von Kalibrier- und Fertigungsanweisungen.
- Untersuchung und Optimierung von Applikationen mit radiometrischen Sensoren zur Messung des Flächengewichts und des Füllstoffgehaltes von Papier unter Ausnutzung von Ionisationskammern und radioaktiven Isotopen wie Krypton 85, Promethium 147, Eisen 55.
- Untersuchungen zum Einsatz röntgenphysikalischer Messmethoden zur selektiven Bestimmung des Füllstoffgehaltes in Papier unter Verwendung von Transmissions-Röntgenröhren mit Targets aus Kalzium, Titan und Eisen

5.4.14 Finanzbetriebswirt (VWA)

Herrn (Name)s Aufgabenbereich umfasste im Wesentlichen:
- Leitung und Weiterentwicklung des Zentralbereichs Finanzen/Rechnungswesen mit (Zahl) Mitarbeitern
- Abwicklung des operativen Tagesgeschäftes (Finanzbuchhaltung, Lohn- und Gehaltsabwicklung, Debitoren, Mahnwesen, Zahlungsverkehr, Kosten- und Leistungsrechnung)
- Monatliches Reporting
- Erstellung der Jahresabschlüsse für die Mutter- und Einzelgesellschaften (einschl. Konsolidierung)
- Cash-Management/Finanzierung
- Zentralregulierungs-Abwicklung
- EDV-Neuorganisation und Weiterentwicklung des Finanzwesens auf SAP R/2-Basis

- Abwicklung von betriebswirtschaftlichen, steuerlichen und handelsrechtlichen Fragen
- Projektabwicklung EURO sowie Risikomanagement/KonTraG
- Ansprechpartner für Wirtschaftsprüfer/Steuerberater und Versicherungen

5.4.15 Fondsmanager

Zu dem Aufgabengebiet von Herrn (Name) gehörten sämtliche Tätigkeiten, die den Geschäftsbereich Immobilien- und Mobilien-Leasing abdeckten. Die Projekte hatten teilweise ein Volumen von über dreihundert Millionen deutsche Mark.
Herr (Name) führte die banküblichen Bonitäts- und Objektbeurteilungen anhand von Beleihungsunterlagen, Kundendaten und Jahresabschlussunterlagen durch. Auf dieser Grundlage erstellte er entscheidungsreife Vorlagen für die Geschäftsführung und Aufsichtsgremien. Neben der Vertragsgestaltung gehörte die Konzeption der notwendigen Objekt-Gesellschaft, die für die einzelnen Finanzierungs-Strukturen regelmäßig zum Einsatz kommen, zum Aufgabengebiet. Während der Vertragsabschlussphase sowie der laufenden Vertragsbetreuung hat Herr (Name) den telefonischen und persönlichen Kontakt mit den Kunden sowie deren Steuerberatern, Rechtsberatern und Wirtschaftsprüfern gehalten und die erforderlichen Absprachen getroffen.
Nach Vertragsabschluss wurde von Herrn (Name) für die Neu-Engagements die laufende Vertragsbetreuung zusätzlich zu der Betreuung der Bestandsverträge durchgeführt. Dazu zählten die Rechnungsprüfung während der Objekt-Errichtungs-Phase sowie die Prüfung der laufenden Nebenkosten, die Rechnungsfreigabe und Finanzierungsmittel-Disposition. Hierzu gehörte die Entwicklung der notwendigen Finanzierungsstrukturen unter Berücksichtigung der speziellen Anforderungen an die Konzernrechnungslegung einer Großbank. Bei Routineaufgaben hatte Herr (Name) Delegationsbefugnis.

5.4.16 Gebietsleiter Außendienst

Im Wesentlichen verrichtete und verantwortete Herr (Name) die folgenden Aufgaben:

- Vertrieb, Verkauf und Betreuung bei Handelsunternehmen der Baumarktbranche sowie im Fachhandel
- Akquisition von Kunden und deren Betreuung
- Durchführung von Schulungen der Mitarbeiter bei entsprechenden Handelsunternehmen
- Anleitung und Ausbildung der ihm unterstellten Mitarbeiter, neun Merchandiser, im Außendienst

5.4.17 Geschäftsführer Interim

Das 1996 gegründete Werk erwirtschaftete zunächst hohe Verluste, weshalb wir Herrn (Name) als Trouble Shooter engagierten. Er berichtete direkt an den Vorstand der Holding in Deutschland.
Herr (Name) erledigte seine Aufgabe mit außerordentlichem Erfolg. Unmittelbar nach seinem Antritt begann er mit umfangreichen Restrukturierungsmaßnahmen, durch die er den baldigen Turn Around des Unternehmens erreichte. Er organisierte den Einkauf, die Produktion sowie das Finanz- und Rechnungswesen neu und erzielte so eine erhebliche Verbesserung der Ertragslage.
Die Belegschaft beträgt heute 465 Mitarbeiter, die größtenteils in der Produktion beschäftigt sind. Unter Herrn (Name)s Regie stieg die Produktivität der Mitarbeiter um 27 %, die Bruttomarge von 22 % auf über 40 % und die Overheadkosten konnten deutlich verringert werden, so dass unser Unternehmen heute über eine optimierte Kostenstruktur verfügt.

5.4.18 Geschäftsführer IT-Bereich

In der Position des Geschäftsführers war Herr (Name) für folgende Bereiche zuständig:

- It-Systeme,
- Internet-Services,
- E-Business / E-Knowledge-Management,
- IT-Training.

5.4.19 Geschäftsführer Produktion

Die Tätigkeiten und Verantwortungsbereiche von Herrn (Name) umfassten neben der Planerfolgsrechnung, Finanzplanung und monatlichen, vierteljährlichen sowie jährlichen Berichterstattung an die Konzernleitung auch alle Belange der Produktionsplanung und - kontrolle.
Darüber hinaus kümmerte sich Herr (Name) um alle Belange des Personalwesens und leitete das Marketing und den Verkauf für die Direktkunden in Asien, Amerika und GUS. Außerdem pflegte er alle Kontakte zu Behörden, Banken und Versicherungen.
Herr (Name) war ebenfalls zuständig für Marketing und Verkauf an unsere internationalen Großkunden.

5.4.20 Geschäftsführerin Vertrieb

Während ihrer Zeit in unserem Unternehmen verantwortete Frau (Name) die folgenden Tätigkeiten:

- Umsatzplanung und Kontrolle des Bereichs Vertrieb/Marketing
- Leitung, Koordination, Motivation und allgemeine Führung der Mitarbeiter
- Mitarbeiterauswahl, Einstellungsgespräche und Integration neuer Mitarbeiter in das Unternehmen bzw. Vertriebs- und Marketing-Team von zuletzt 12 Mitarbeitern
- Erarbeitung von Vertriebsstrategien
- Bankgespräche in Abstimmung bzw. gemeinsam mit dem zweiten Geschäftsführer
- Organisation, Durchführung und Moderation von Vertriebsmeetings
- Überwachung der Fertigstellung von Serversystemen und Anpassungen
- Vorbereitung von Verträgen
- Akquise und Verhandlungen mit strategischen Partnern bis hin zum Abschluss von Kooperationsverträgen
- Auswahl, Planung und Überwachung von Messen und Veranstaltungen
- Abstimmung von Veranstaltungen, Messen und Marketingaktionen

- Verhandlungen mit Agenturen für Werbe- und Marketingaktionen
- Repräsentation und Präsentation des Unternehmens auf Veranstaltungen und Messen

5.4.21 Geschäftsleiterin Lebensmittelfachhandel

Der besondere Schwerpunkt von Frau (Name) lag dabei auf den folgenden Tätigkeiten:

- Festlegen der Unternehmensstrategie, hier insbesondere die Vermarktungs- und Produktinnovationen, z. B. Frischesystem und Komplettsystem, sowie SB-Fleisch, frische Fertiggerichte
- Festlegen der langfristigen, mittelfristigen und kurzfristigen Ziele für alle Unternehmensbereiche
- Umsetzung der entwickelten Konzepte in das Tagesgeschäft
- Gesamtverantwortung für den Unternehmensteil Langenfeld innerhalb der Unternehmensgruppe

5.4.22 Gruppenleiter Wertpapierberatung

Herr (Name) begann seine Tätigkeit zunächst als Sachbearbeiter im Dokumentengeschäft. In diesem Rahmen betreute er selbstständig einen ihm zugeteilten Stamm von Firmenkunden. Für diesen Kundenstamm erstellte er Import-Akkreditive, prüfte die Dokumente, bearbeitete Inkassi sowie Währungswechseldiskonte und beriet im Rahmen der damit verbundenen Anfragen und Problemstellungen.
Ab Januar 1995 wechselte Herr (Name) als Sachbearbeiter in die Scheckgruppe und übernahm die Bearbeitung von Nachforschungen und Reklamationen in Bezug auf Auslandszahlungen und Devisengeschäfte. In dieser Aufgabe war Herr (Name) Ansprechpartner von Privat-, Firmenkunden und Banken auf nationaler und internationaler Ebene.
Ab Januar 1999 begann Herr (Name) im Rahmen seiner Einarbeitung als Finanzberater an einer unserer Zweigstellen seine Produktkenntnisse im Privatkunden-Geschäft gemäß unserer hausinternen Gepflogenheiten aufzuarbeiten. Im Anschluss daran absolvierte er unsere sechsmonatige Ausbildung im Wertpapiergeschäft. Ab Januar 2000 übernahm Herr (Name) die Position des Privatkundenwertpa-

pierberaters zur Betreuung von zwei Geschäftsstellen. Ihm unterstanden in dieser Position zwei Sachbearbeiter.

5.4.23 Ingenieur Biotechnologie

Herr (Name) war mit der Konstruktion eines Hochspannungssystems zur mikroskopischen Betrachtung der Effekte an pflanzlichen Zellen und Protoplasten betraut. Überdies war er zuständig für die Erfassung von biometrischem Datenmaterial.

5.4.24 Kameramann

Als Kameramann hat Herr (Name) weltweit verschiedene Produktionen durchgeführt. Vom News-Beitrag über unterschiedliche Magazin-Beiträge und Industriefilme bis hin zu Musikvideos, Dokumentationen, Reisevideos und 45 Minuten Reportagen erstreckte sich sein Spektrum. Er hat pro Jahr zwischen 100 und 150 Drehs für unser Unternehmen erfolgreich erledigt. Durch seine überdurchschnittliche Kameraarbeit konnte er viele Neukunden an die Firma binden und hat so für zahlreiche Anschlussdrehs gesorgt. Instandhaltung, Reparatur und Einkauf von Equipment gehörten zu seinen täglichen Aufgaben genauso wie die Planung und Durchführung von größeren Produktionen mit bis zu vier Kameras, hier war er für die Disposition von Personal und Equipment, Drehbuch, Entwicklung, Regie und Schnitt verantwortlich.

5.4.25 Leiter Projektierung- und Vertriebsabteilung

Herr (Name) war für folgende Aufgaben zuständig:

- Projektverantwortung für Planung und Vertrieb von Rohrschlangen, wobei der Wert der einzelnen Projekte zwischen 100.000 Euro und 125.000 Euro lag
- Verantwortung der Ertragsseite des einzelnen Projekts
- Sicherstellung der technischen Funktionalität
- erfolgreicher Auf- und Ausbau einer konstanten Geschäftsbeziehung zu den Tochterfirmen BELAX und TRINTEX mit einem Jahresumsatz von 8 Mio. Euro

- Einführung der Sielberger-Biegetechnologie für Kunden in Polen, Italien und Norwegen
- Ausbau der Marktführerschaft für professionelle Biegeverformungen in der BRD mit einem Jahresumsatz von 15 Mio. Euro

5.4.26 Leiterin Veranstaltungen, Kommunikationswissenschaftlerin (MA)

Zum Verantwortungsbereich von Frau (Name)s Position zählen im Einzelnen insbesondere folgende Aufgaben:

1. Stiftungs- und Sponsoringaktivitäten:

- Ausarbeitung des Förderkonzeptes für die Stiftung, Entwicklung der Förderziele, Förderschwerpunkte und Auswahlkriterien für Stiftungs- und Sponsoringprojekte (Schwerpunkt Kulturförderung)
- Prüfung und Beurteilung von Förderanträgen (fördernde Stiftungsarbeit)
- Entwicklung von Ideen und Konzepten für eigeninitiierte Förderprojekte (operative Stiftungsarbeit)
- Präsentation im Vorstand
- Betreuung und Beratung der Förderpartner
- Ausarbeitung von Sponsoring-Verträgen und Fördervereinbarungen
- Werbung und Öffentlichkeitsarbeit für die Stiftungsaktivitäten (Pressearbeit, Entwicklung von Imageanzeigen für die Stiftung)

2. Innerbetriebliche Kommunikation:

- redaktionelle Mitarbeit bei der Mitarbeiter- und Kundenzeitschrift "Hoset-Lord Aktuell", Verfassen von Beiträgen für die Bereiche "Veranstaltungen" und "Sponsoring- und Stiftungsarbeit"
- Organisation von Veranstaltungen und Aktivitäten für die Mitarbeiter des Hoset-Lord-Konzerns, z. B. Schiffsbesichtigungen, Museumsführungen, Theatervorstellungen etc.
- Verfassen von Reden und Statements für den Vorstandsvorsitzenden der Hoset-Lord AG für Projekte und Veranstaltungen im kulturellen und gesellschaftlichen Bereich
- konzeptionelle Planung der Veranstaltungsprogramme
- Einladungsmanagement

- Ablauf- und Einsatzplanung
- Organisation des Caterings, Planung der Tischordnung
- Reiseplanung, Transfers etc.

5.4.27 Literaturwissenschaftlerin (Magistra) - Redakteurin

Frau (Name)s weitreichendes Aufgabengebiet umfasste die folgenden Schwerpunkte:

- Konzeptentwicklung das Stadtmagazins *Diagonal*
- Konzeptentwicklung für verschiedene externe Projekte (z. B. *WochenSzene*)
- Entwicklung eines detaillierten Anforderungsprofils für das bei der Kalendererstellung notwendige Redaktionssystem zur Erfassung und Weiterverarbeitung sämtlicher Informationen
- Detailabgabe und Auftragsvergabe an die Autoren
- Festlegung der redaktionellen Schwerpunkte
- Erstellung derjenigen Heftteile, die durch das Redaktionssystem generiert wurden (QuarkXPress)
- Vorbereitung des Seitenplans
- Layout sämtlicher Heftteile in QuarkXPress inklusive Bildbearbeitung
- Korrektur sämtlicher Texte
- Komplettierung der einzelnen Rubriken durch Zusammenstellung der inhaltlichen und marketingstrategischen Elemente
- Vorbereitung der erfassten Daten zur Veröffentlichung im Internet-Angebot *Diagonal*

5.4.28 Manager Corporate Strategy

Herr (Name) war für folgende Aufgaben verantwortlich:

1. Verantwortung für den Geschäftsplanungsprozess:

- In diesem Bereich verantwortete er die Projektleitung für den Planungsprozess und die Entwicklung von entsprechenden Modellen sowie die Sicherstellung der zugrunde liegenden Strategien und Annahmen

2. Verhandlung mit möglichen Joint-Venture Partnern:

- Hierbei übernahm er die Evaluierung potenzieller Partner, war Teammitglied Marketing bei Vertragsverhandlungen und verantwortete die Projektleitung Geschäftskundenmarkt

3. Erarbeitung von Markt- und Wettbewerbsstrategien:

- In diesem Aufgabenbereich verantwortete er die Strategieformulierung mit der Geschäftsführung, die Projektleitung bei der Definition der Funktionalstrategien und trug die Verantwortung für die Erstellung des Marketingplans von 1996. Er führte die Absatz- und Umsatzplanung sowie die Beauftragung und Projektleitung von externen Consultants durch

5.4.29 Marketing Deputy Director - Vertriebsleiter

Herr (Name) war verantwortlich für

- sämtliche internationalen Projekte der Gesellschaft in Australien,
- die Wholesale-Stufe der CBU-importieren LKW aus Deutschland

5.4.30 Maschinenbauingenieur mit Diplom

Im Einzelnen gliederte sich der Aufgabenbereich von Herrn (Name) wie folgt:

- Erstellung von Angeboten einschließlich Kapazitätsberechnungen und Nettokalkulation
- Abwicklung von Aufträgen und Projekten
- Auftragsverhandlungen mit den Kunden und Lieferanten einschließlich Auftragsvergabe
- Feinlayout der Maschinen und Gebäude als Basis für die Bauplanung sowie technische Detailplanung
- Koordination der und Zusammenarbeit mit den Kunden, Lieferanten und Architekten, teilweise mit anderen Ingenieurbüros
- Kostenkontrolle
- Montageabwicklung inklusive der Montageablauf- und Terminplanung, der Koordinierung der Monteurabrufe zwischen Baustelle und Lieferanten sowie der allgemeinen Baustellenbetreuung
- Inbetriebnahme und Übergabe an den Kunden einschließlich der Abwicklung von Garantie- und Schadensfällen

5.4.31 Maschinenbautechnikerin

Frau (Name) war für folgende Aufgaben zuständig:
- Technische Klärung mit dem Kunden und den einzelnen Konstruktionsabteilungen,
- Kontaktstelle für alle Kundenbelange auch über das jeweilige Projekt hinweg,
- Überwachung zeitkritischer Abläufe,
- Erarbeitung von Zusatzangeboten während der technischen und kaufmännischen Abwicklung,
- Kontrolle und Abstimmung der Rechnungstermine und Zahlungen,
- Abstimmung der Liefertermine und Montagezeiträume,
- Unterstützung der Baustellenleiter während der Installation und Inbetriebnahme,
- Abnahme der Maschine mit dem Kunden,
- Kontrolle von Rechnungen der Subunternehmen für die Montage und Inbetriebnahme,
- Bearbeitung von Reklamationen,
- Unterstützung des Kunden zur Anlagenoptimierung

5.4.32 Maschinentechnische Entwicklung – Bereichsleiter

Herr (Name) verantwortete die folgenden Aufgabenschwerpunkte:
- Werksunterstützung und Troubleshooting bei Problemen
- Projektmanagement, Betreuung von Fremdkonstruktion und Fremdfertigung
- Neu- und Weiterentwicklung der Anlagen- und Verfahrenstechnik
- Montage und Inbetriebnahme der Anlagen einschließlich Abnahme und Übergabe an die Werke
- Zukauf von Maschinen
- Zusammenarbeit mit den technischen Abteilungen Bautechnik und Materialtechnik
- CE-Konformität alter und neuer Anlagen
- Patente und betriebliches Vorschlagswesen,

- Unterstützung der TENTRA GmbH, die die Hebeltechnologie weltweit vertreibt

5.4.33 Multimedia Producer

Herr (Name) war im Bereich Multimedia mit folgenden Aufgaben betraut:

- Planung und Erstellung von Layouts,
- Erstellung von Corporate Identities,
- Videoschnitt,
- Soundbearbeitung,
- Bildbearbeitung mit allen gängigen Bildbearbeitungsprogrammen wie QuarkXPress, Photoshop und Freehand,
- 3D-Animation und -design,
- Gestaltung von Powerpoint-Präsentationen,
- Animation mit Flash, Director

5.4.34 Personal/Organisation - Leitung

Im Einzelnen erbrachte Herr (Name) folgende Leistungen und Erfolge:

- organisatorische Neustrukturierung und Ausrichtung des Unternehmens auf veränderte, liberalisierte Marktbedingungen
- als Mitglied des Steering-Committees Einführung SAP R/3 in allen Bereichen des Unternehmens
- Einsourcing der DV-Verantwortung ins Unternehmen, nachdem bis 1998 ein externes DV-Unternehmen mit dieser Aufgabe betraut war
- Umzug der Unternehmensgruppe in ein neues Produktionsgebäude
- Schaffung eines neuen AT-Vergütungssystems mit Zielvereinbarung und Bonussystem

5.4.35 Personalleiter Anlagenbau

Für alle Unternehmen und an allen Standorten verantwortete und erfüllte Herr (Name) alle essenziellen Tätigkeiten rund um die Personalbetreuung, -entwicklung und -verwaltung von der Personalre-

krutierung bis hin zur Entgeltabrechnung. Er coachte und beriet unsere Führungskräfte und zeichnete für unsere Nachwuchskräfteentwicklung ebenso verantwortlich wie für die Konzeption und Durchführung von Trainings. Außerdem war er der Ansprechpartner des Betriebsrates.
Herr (Name) trug außerdem umfangreiche Projektverantwortung. Die wichtigsten Projekte, die unter seiner Regie in den o. a. Gesellschaften erfolgreich abgewickelt wurden, waren

- der Aufbau dienstleistungsorientierter Personalarbeit,
- die Entwicklung neuer Arbeitszeitmodelle mit maximal möglichem Flexibilitätsgrad bis hin zur Abschaffung der elektronischen Zeiterfassung,
- die Einführung einer funktionsorientierten Entgelt- und Anreizstruktur, der Aufbau eines langfristig angelegten Personal- und Organisationsentwicklungskonzeptes und deren Umsetzung,
- die Erstellung und Umsetzung eines Konzepts zur Einführung von Gruppenarbeit, das Erarbeiten und Einführen eines langfristig angelegten Personalentwicklungskonzeptes auf der Basis eines 360°-Feedbacks

5.4.36 Personalwesen Bereichsleiter

Herr (Name) verrichtete in dem Bereich Personalwesen die folgenden Tätigkeiten:

- Verantwortung der Bereiche Personalrekrutierung, -verwaltung, -entlohnung, -entwicklung,
- Durchführung verschiedener Maßnahmen zur Organisationsentwicklung,
- Durchführung der Betriebsratsarbeit auf Seiten der Geschäftsführung.
- Herr (Name) trug die direkte Personalverantwortung für sieben Mitarbeiter. Wir verdanken ihm die Bildung einer Personalabteilung und die Ausarbeitung sämtlicher Abläufe, die Überarbeitung wichtiger Elemente der Personalarbeit, wie z. B. Anstellungsverträge oder Reisekostenrichtlinie, sowie die Erarbeitung eines Organisationshandbuches zur Personalarbeit und Einführung der Maßnahmen

5.4.37 Principal eBusiness Consulting

Herr (Name) ist verantwortlich für die Einführung einer Web-Content-Management-Lösung auf Basis BlueMartini bei internationalen Großkunden. Mit Hilfe der implementierten Lösung werden die weltweiten Internet- und Extranet-Sites der Konzerne redaktionell gepflegt. In diesem Rahmen leitete Herr (Name) ein Team von 15 Consultants.

Zu Herrn (Name) Aufgaben gehörte nicht nur die Steuerung der kompletten Konzeption, Architektur und Implementierung der Anwendung, sondern auch die Unterstützung bei der Angebotserstellung und besonders das technische Consulting beim Kunden sowie die technische Projektleitung inklusive Planung, Kalkulation und Aufwandsschätzung. Zusätzlich koordinierte Herr (Name) die Zusammenarbeit mit der jeweils für das Webdesign verantwortlichen Agentur.

5.4.38 Projektleiter eBusiness

Herr (Name) vertrat unsere Firma von der allgemeinen Darstellung der Kompetenzen im Umfeld e-Business bis hin zur konkreten Diskussion von Lösungsansätzen für Angebotspräsentationen und anschließender Umsetzung nach Konzeptionen im Rahmen unseres internationalen IT-Projektmanagements. Dabei führte Herr (Name) erfolgreich Teams von bis zu 15 Mitarbeitern.

Er war Mitglied des Delta Teams e-Business, das eine Marketingstrategie für unseren Hauptkunden MZW PAL entwickelte. Außerdem übernahm er die Redaktion und Entwicklung einer e-Business-Studie, die einen Überblick über aktuelle Trends und Einsatzmöglichkeiten des e-Business gibt.

Maßgeblich war Herr (Name) an der Planung des Messeauftritts unseres Unternehmens auf der DSMD Messe in Heidelberg beteiligt. Seine Ideen zeigten neue Wege und erweiterten das vorhandene Lösungsspektrum unseres Managements. Aus den vielen positiven Rückmeldungen haben wir zum Teil neue Kundenkontakte schaffen können.

5.4.39 Projektleiter international

Herr (Name) leitete das Projekt Eurospace5 und führte in diesem Rahmen ein internationales Team, das neben konzerninternen Mitarbeitern zahlreiche externe Experten aus den USA und Russland einschließt. Ziel des Projekts war die Entwicklung einer Laboreinheit als Bauteil einer Raumstation, die spezielle naturwissenschaftliche Versuche in der Schwerelosigkeit ermöglicht.
Parallel wirkte Herr (Name) an drei großen Angeboten mit, die wir auch dank seiner präzisen Aufwandsabschätzung und der daraus resultierenden vorzüglichen Kalkulation alle gewonnen haben.

5.4.40 Projektleiter IT

Die Schwerpunkte von Herrn (Name)s komplexen Tätigkeiten gestalten sich wie folgt:

- Koordination der Mitarbeiter für die Implementierung und Betreuung der spezifischen IT-Lösungen für die ADEX AG
- Design, Implementierung, Inbetriebnahme und Betreuung von Hochverfügbarkeits- und Disaster-Recovery-Lösungen in Verbindung mit Storagesystemen im High-End-Umfeld
- Preis- und Dienstleistungsgestaltung für die IT-Prozesse "Implementierung und Betreuung von UNIX RS/6000 AIX Servern"
- Evaluierung der Kundenanforderungen und Entwicklung von IT-Strategien im Hinblick auf Geschäftsprozesse
- Konzipieren von Storage-Lösungen für den Einsatz moderner Storage-Area-Network-Komponenten auf Basis von IBM-Produkten in den Bereichen Hochverfügbarkeit, Cluster und ausfallsichere Speicherkonfigurationen in nationalen und internationalen Projekten
- Konzeptionelle und technische IT-Beratung mit dem Schwerpunkt UNIX
- Analyse bestehender heterogener Kundensystemumgebungen und Erstellen von IT-Gesamtkonzeptionen
- Design von innovativen, individuellen, komplexen und kundenspezifischen IT-Architekturen
- Leitung von Kundenprojekten von der Geschäftsprozessanalyse bis zur technischen Implementierung

- Erstellung, Abstimmung und sukzessive Verifizierung technisch detaillierter Projektpläne
- Erarbeiten von Alternativen und Aufbereiten der optimalen IT-Branchenlösungen unter Berücksichtigung der technologischen und wirtschaftlichen Aspekte des Kunden
- Fehleranalyse, Fehlerdiagnose und Fehlerbehebung vor Ort. Unterstützung des Kunden bei Eskalationen

5.4.41 Sales Manager

Herr (Name) verantwortete die umfassende Betreuung der Kunden auf allen relevanten Entscheidungsebenen bis zur Geschäftsführung bzw. bis zum Vorstand und Aufsichtsrat. Dabei führte er sehr erfolgreich eine systematische und methodische Kundenentwicklung durch Erarbeitung und disziplinarische Umsetzung von kurz- und langfristigen Account-Plänen unter Berücksichtigung kundenspezifischer Informatikstrategien durch. Er garantierte stets eine qualifizierte Beratung der Kunden auf einem technologisch und strategisch sehr hohen Niveau.

5.4.42 Service-Ingenieur

Herr (Name) war für folgende Aufgaben zuständig:

- Unterstützung des operativen Servicegeschäfts für Gesamtanlagen (Inbetriebnahme inklusive Schutz- und Leittechnikgeschäft im Teilbereich DES/Z)
- Mitwirkung an der wirtschaftlichen, funktionalen und kundenorientierten Abwicklung in den Geschäftsgebieten Montage und Inbetriebnahme von Gesamtanlagen inklusive Schutz- und Leittechnikanlagen und PLD
- Unterstützung des operativen Geschäfts der obigen Geschäftsgebiete im Rahmen der innerbetrieblich festgelegten Geschäftsstrategien

5.4.43 Softwareingenieur

Herr (Name) war für folgende Aufgaben zuständig:

- Software-Entwicklung für Steuerungen von Sondermaschinen und Anlagen der Markiertechnik
- Projektabwicklung inkl. Inbetriebnahme der Anlagen im Betrieb und direkt beim Kunden
- Durchführung eines anspruchsvollen Großprojektes in der Automobilindustrie mit zweijähriger Dauer. Hier fungierte Herr (Name) als Projektleiter Steuerungstechnik und erledigte die folgenden Aufgaben:
- Erarbeitung der Spezifikation der Steuerung mit Kunden
- fast ausschließlich selbstständige Neuprogrammierung und Test der Software der Maschine
- Leitung und Durchführung der Inbetriebnahme vor Ort
- Erstellung der Dokumentation für die Software

Herr (Name) war für (Zahl) Mitarbeiter verantwortlich

5.4.44 Verlagsobjektleiterin

Frau (Name)s Position beinhaltete die folgenden verschiedenen Tätigkeiten und weitreichende Verantwortlichkeiten:

- Verlagsobjektleitung für das wöchentliche Wirtschaftsmagazin "Superbörse" inklusive Objektergebnis
- sämtliche unternehmerischen Maßnahmen für den Objekterfolg, insbesondere das Produktmarketing
- Bericht an die Verlagsgeschäftsführung
- Führung von 14 Mitarbeitern für Anzeigenverkauf, Produktmarketing, Online-Publishing und Verantwortung für die 25 Redakteure bzw. Mitarbeiter umfassende Superbörse-Redaktion
- Zusammenarbeit mit und Steuerung der Chefredaktion für Produktkonzeption, Markenführung, Auflagenwachstum
- strategische Angebotskonzeption und Preispolitik im Anzeigen- und Lesermarkt
- Steuerung der Verlagsfachbereiche Vertrieb/Handel, Vertrieb/Abonnement, Werbeabteilung, PR/Kommunikation, Herstellung, Marktforschung und Anzeigenadministration bezüglich der operativen Objektmaßnahmen, dabei Koordination bzw.

Führung von weiteren sechs objektzuständigen Mitarbeitern der Fachbereiche

5.4.45 Vertriebsleiter

Herr (Name) war für folgende Aufgaben verantwortlich:
- Akquisition neuer Kunden,
- Betreuung der Kunden einschließlich der erforderlichen Projekt- und Auftragsabwicklung,
- Erarbeiten technischer Konzepte gemeinsam mit den Kunden,
- Umsetzen der Konzepte mit allen technischen und kaufmännischen Beschreibungen einschließlich der Preisgestaltung,
- Durchführung von Verkaufstagungen, Präsentationen und Schulungen.

Herr (Name) übernahm die Personalverantwortung für (Zahl) Mitarbeiter.

5.4.46 Vorstand Vertrieb/Personal

Herr (Name) widmete sich intensiv dem Aufbau einer tragfähigen Vertriebsstruktur für das Unternehmen. Hierzu wählte er vor allem den Weg des Direktvertriebs mit Fokus auf mittelständische Unternehmen. Parallel organisierte er, hauptsächlich über Personalberater, die Suche und Auswahl unseres kompetenten Mitarbeiterteams.

5.4.47 Vorstandsvorsitzender

Herr (Name) war für folgende Aufgaben zuständig:

1. Entwicklung der Gesellschaft:

- Vorbereitung von Kapitalerhöhungen
- Akquisition von neuen Aktionären und zusätzlichem Grundkapital für die Gesellschaft
- Betreuung von Aktionären
- Controlling
- Akquisition von Unternehmensbeteiligungsgesellschaften
- Vorbereitung und Durchführung von Hauptversammlungen
- Vorbereitung, Durchführung und Prüfung der Jahresabschlussarbeiten

2. Personalwesen:
- Herr (Name) sorgte für die Suche, Einstellung, Motivation, Einarbeitung, Ausbildung, Schulung und Führung der bis zu 35 Mitarbeiter im Unternehmen
3. Objektverkauf/Vertrieb:
- Vertriebsverantwortung für Westgrund und Westprojekt, Erarbeitung von Vertriebsstrategien durch Marketing-, Werbe- und Image- sowie Pressekampagnen, Notarielle Abwicklung von Verkaufsverträgen

6 Musterzeugnisse

Gestaltung des Arbeitszeugnisses

Achten Sie bei der Gestaltung des Zeugnisses darauf, dass nicht nur die Inhalte, sondern auch die äußere Form einen guten Eindruck hinterlassen. Schließlich wird das Zeugnis bei der nächsten Bewerbung Ihres Mitarbeiters an eine Vielzahl von Unternehmen gesendet und kann so zu einem positiven Image Ihres Unternehmens beitragen.

Rechtlich gesehen ist es erforderlich, dass Sie das Zeugnis auf Ihrem Geschäftspapier ausdrucken (siehe Seite 13). Falls Sie keines haben, besteht die Mindestanforderung darin, dass das Zeugnis mit einem ordnungsgemäßen Briefkopf versehen sein muss, auf dem der Name und die Anschrift des Ausstellers erkennbar sind.

Tipp:

Den Briefkopf können Sie selbst gestalten auf dem Computer oder auch auf der Schreibmaschine. Wenn Sie ein Logo haben, können Sie dies selbstverständlich in den Briefkopf einfügen.

Wenn Sie auf Ihrem Geschäftspapier in der Fußzeile die Geschäftsführer, den Handelsregistereintrag, die Bankverbindung und weitere wichtige Informationen stehen haben, so können Sie dieses Papier dennoch verwenden. Es muss kein „schönes" Papier sein, das frei ist von den konkreten geschäftlichen Informationen. Falls das Zeugnis nicht auf ein Blatt passt, nehmen Sie einfach ein zweites.

Steuerberaterin, Note: sehr gut

(Firmen-Logo)

Firmenname
Straße
Ort

Zeugnis

Frau Stefanie Möller, geb. am 28. Oktober 1966 in Herford, war vom 10. Juli 1999 bis zum 31. Oktober 2004 in unserer Unternehmensgruppe als Steuerberaterin tätig.

Frau Möller war für folgende Tätigkeiten zuständig: Erstellung von Jahresabschlüssen für Unternehmen vorwiegend aus der Möbelindustrie, wirtschaftliche und steuerliche Beratung unterschiedlichster Unternehmen und Rechtsformen (Schwerpunkt: betriebswirtschaftliche Beurteilung von Investitionen), Erstellung von Schlussbilanzen bei Unternehmensumwandlungen, Bearbeitung von außergerichtlichen Rechtsbehelfen, Erstellung von Steuerbelastungsvergleichen, Anfertigung von Steuererklärungen in allen Steuergebieten, Prüfung von Steuerbescheiden.

Frau Möller verfügt über ein äußerst profundes Fachwissen, welches sie stets effektiv und erfolgreich in der Praxis einsetzt. Zum Nutzen des Unternehmens erweiterte und aktualisierte sie immer mit großem Gewinn ihre umfassenden Fachkenntnisse durch regelmäßige Teilnahme an Weiterbildungsveranstaltungen. Aufgrund ihrer präzisen Analysefähigkeiten und ihrer sehr schnellen Auffassungsgabe fand sie hervorragende Lösungen, die sie konsequent und erfolgreich in die Praxis umsetzte. Hervorzuheben ist ihre hoch entwickelte Fähigkeit, stets konzeptionell und konstruktiv zu arbeiten, sowie ihre immer präzise Urteilsfähigkeit.

Frau Möller ist eine überdurchschnittlich engagierte Mitarbeiterin, die ihre Aufgaben jederzeit mit voller Einsatzbereitschaft erfolgreich erfüllte. Auch in Stresssituationen erzielte sie sehr gute Leistungen in qualitativer und quantitativer Hinsicht und war auch stärkstem Arbeitsanfall immer gewachsen. Stets arbeitete Frau Möller äußerst umsichtig, sehr gewissenhaft und genau. Vertrauenswürdigkeit und absolute Zuverlässigkeit zeichneten ihren Arbeitsstil jederzeit aus. Selbst für schwierigste Problemstellungen fand und realisierte sie sehr effektive Lösungen und kam immer zu ausgezeichneten Arbeitsergebnissen.

Ihre Mitarbeiterinnen und Mitarbeiter motivierte und überzeugte sie durch einen kooperativen Führungsstil. Frau Möller war als Vorgesetzte jederzeit voll anerkannt, wobei ihr Team unsere hohen Erwartungen nicht nur erfüllte, sondern oftmals sogar übertraf.

Sie hat die ihr übertragenen Aufgaben stets zu unserer vollsten Zufriedenheit erfüllt.

Wegen ihres frischen, verbindlichen und kooperativen Auftretens war Frau Möller eine allseits sehr geschätzte Ansprechpartnerin. Ihr Verhalten zu Vorgesetzten, Mitarbeitern und Kunden war immer vorbildlich.

Frau Möller verlässt unser Unternehmen mit dem heutigen Tage auf eigenen Wunsch.

Wir bedanken uns für die stets sehr gute langjährige Mitarbeit und bedauern Frau Möllers Ausscheiden sehr. Wir wünschen dieser vorbildlichen Kollegin beruflich und persönlich alles Gute, viel Glück und Erfolg.

Berlin, 31. Oktober 2004 Dr. Gerhard Müller, Geschäftsführer

(Handelsregister, Bankverbindungen ...)

Personalreferent, Note: sehr gut

Firmenname, Straße, Ort

ZEUGNIS

Herr Dr. Wolfram Steiner, geb. am 12. Dezember 1964 in Stuttgart, trat am 11. Juli 1996 in unser Unternehmen ein und war bis zum 31. Dezember 2004 als Personalreferent beschäftigt.

Seine Zuständigkeit in dem Bereich Personalwesen erstreckte sich auf die folgenden Bereiche:

- Verantwortung der Bereiche Personalrekrutierung, -verwaltung, -entlohnung, -entwicklung,
- Durchführung verschiedener Maßnahmen zur Organisationsentwicklung
- Durchführung der Betriebsratsarbeit auf Seiten der Geschäftsführung.

Herr Dr. Steiner verfügt über ein hervorragendes und auch in Randbereichen sehr tiefgehendes Fachwissen, welches er unserer Firma stets in höchst gewinnbringender Weise zur Verfügung stellte.

Zum Nutzen des Unternehmens erweiterte und aktualisierte er immer mit großem Gewinn seine umfassenden Fachkenntnisse durch regelmäßige Teilnahme an Weiterbildungsveranstaltungen.

Durch seine ausgeprägten analytischen Denkfähigkeiten und seine sehr schnelle Auffassungsgabe hat er stets zu effektiven Lösungen gefunden, die wir gewinnbringend einsetzen.

Hervorzuheben ist seine hoch entwickelte Fähigkeit, stets konzeptionell und konstruktiv zu arbeiten, sowie seine immer präzise Urteilsfähigkeit.

Herr Dr. Steiner erledigte seine Aufgaben mit beispielhaftem Engagement und sehr großem persönlichen Einsatz während seiner gesamten Beschäftigungszeit in unserem Unternehmen. Er war immer ein belastbarer Mitarbeiter, seine Arbeitsqualität war auch bei wechselnden Anforderungen immer gut. Jederzeit war das Vorgehen von Herrn Dr. Steiner sehr gut geplant, äußerst zügig und ergebnisorientiert.

Er zeichnete sich stets durch seine außerordentliche Verlässlichkeit aus. Selbst für schwierigste Problemstellungen fand und realisierte er sehr effektive Lösungen und kam immer zu ausgezeichneten Arbeitsergebnissen.

Seine Mitarbeiterinnen und Mitarbeiter motivierte und überzeugte er durch einen kooperativen Führungsstil. Herr Dr. Steiner war als Vorgesetzter jederzeit voll anerkannt, wobei sein Team unsere hohen Erwartungen nicht nur erfüllte, sondern oftmals sogar übertraf.

Herr Dr. Steiner hat die ihm übertragenen Aufgaben stets zur vollsten Zufriedenheit erfüllt.

Wegen seines stets freundlichen und ausgeglichenen Wesens wurde Herr Dr. Steiner allseits sehr geschätzt, wobei er stets aktiv die gute Zusammenarbeit und Teamatmosphäre förderte. Das Verhalten von Herrn Dr. Steiner war immer vorbildlich.

Herr Dr. Steiner verlässt leider unser Unternehmen mit dem heutigen Tage auf eigenen Wunsch, um eine neue Herausforderung anzunehmen.

Wir bedanken uns für die stets sehr gute langjährige Mitarbeit und bedauern Herrn Dr. Steiners Ausscheiden sehr. Wir wünschen diesem vorbildlichen Kollegen beruflich und persönlich alles Gute, viel Glück und Erfolg.

Köln, 31. Dezember 2004

Hubert Meier, Geschäftsführer Heinz Dorner, Leiter der Personalabteilung

Assistentin der Geschäftsleitung, Note: gut

Firmenname, Straße, Ort

ZEUGNIS

Frau Andrea Stiehl, geb. am 13. April 1970 in Kaufbeuren, war vom 1. Februar 2001 bis zum 1. Juli 2004 in unserer Unternehmensgruppe als Assistentin der Geschäftsleitung tätig.

Die Schwerpunkte von Frau Stiehls Tätigkeiten gestalteten sich wie folgt: Komplette PC-Verwaltung vom Erstellen von Vorlagen bis hin zur optimalen Verwendung einzelner Programme (z. B. Microsoft Word, Excel, Windows), die gesamte Abwicklung von der Angebotserstellung bis zur Auftragserteilung sowie der Projektplanung- und -überwachung, Kundenpflege und Kundenkontakte, Führung der gesamten Personalverwaltung von Einstellungs- und Entlassungsformalitäten bis hin zu Lohnvorbereitungen und Pflegen sämtlicher Personalakten, Terminüberwachung der Geschäftsleitung, Unterstützung der Geschäftsführung in allen anfallenden Bereichen vom Schriftverkehr bis zu Vertragsabwicklungen, Flugbuchungen und Reservierungen, Vorbereitung der Buchhaltung zur Weitergabe an den Steuerberater und ständige Abstimmung in Zusammenarbeit mit dem Steuerberater, Ausbildung einer Auszubildenden für Bürokommunikation mit eigener Ausbildungserlaubnis (AdA-Schein).

Frau Stiehl verfügt über ein profundes Fachwissen, welches sie effektiv und erfolgreich in der Praxis einsetzt.

Sie erweiterte und aktualisierte mit großem Gewinn ihre guten Fachkenntnisse durch die Teilnahme an Weiterbildungsveranstaltungen zum Nutzen des Unternehmens.

Aufgrund ihrer genauen Analysefähigkeiten und ihrer schnellen Auffassungsgabe findet sie gute Lösungen, die sie konsequent und erfolgreich in die Praxis umsetzt.

Hervorzuheben ist ihre gut entwickelte Fähigkeit, konzeptionell und konstruktiv zu arbeiten, sowie ihre präzise Urteilsfähigkeit.

Frau Stiehl ist eine engagierte Mitarbeiterin, die ihre Aufgaben jederzeit mit vollem Einsatz erfolgreich durchführte.

Auch unter starker Belastung behielt sie die Übersicht, handelte überlegt und bewältigte alle Aufgaben in guter Weise.

Stets arbeitete Frau Stiehl sehr umsichtig, gewissenhaft und genau.

Vertrauenswürdigkeit und Zuverlässigkeit zeichneten ihren Arbeitsstil aus.

Selbst für schwierige Problemstellungen fand und realisierte sie sehr effektive Lösungen, und sie kam immer zu guten Arbeitsergebnissen.

Von ihren Mitarbeiterinnen und Mitarbeitern wird sie anerkannt und geschätzt, wobei sie diese entsprechend ihrer Fähigkeiten einsetzte und mit ihnen gute Ergebnisse erzielte.

Sie hat die ihr übertragenen Aufgaben stets zu unserer vollen Zufriedenheit erfüllt.

Wegen ihres frischen, verbindlichen und kooperativen Auftretens war Frau Stiehl eine allseits geschätzte Ansprechpartnerin. Ihr Verhalten war vorbildlich.

Frau Stiehl verlässt unser Unternehmen mit dem heutigen Tage auf eigenen Wunsch.

Wir bedauern ihren Entschluss sehr, danken ihr für ihre wertvollen Dienste und wünschen ihr für ihre berufliche wie persönliche Zukunft alles Gute und weiterhin viel Erfolg.

München,1. Juli 2004

Jakob Bayer
(Geschäftsführer)

Handelsregister, Bankverbindung

Sachbearbeiter (Einkauf), Note: gut

Firmenname, Straße, Ort

ZEUGNIS

Herr Martin Bode, geb. am 13. August 1971 in Bad Nauheim, war vom 1. Mai 1998 bis zum 30. September 2004 in unserem Unternehmen tätig. Er war als Sachbearbeiter eingesetzt.

Herr Bode erstellte Marktanalysen und Angebotsvergleiche für den Einkauf von Kunststoffmaterialien für unsere Herstellungsabteilung. Er war für ein Einkaufsvolumen von 1,0 Millionen € pro Jahr verantwortlich. Er kontrollierte die Warenlieferungen ebenso wie die Rechnungen, bei Beanstandungen bearbeitete er die Reklamationen. Bestellungen und Verbuchen der Waren verwaltete Herr Bode mit dem Personal-Computer. Er führte sein Sachgebiet selbstständig, zum 01. August 2002 wurde ihm Handlungsvollmacht erteilt.

Herr Bode verfügt über ein äußerst profundes Fachwissen, welches er stets effektiv und erfolgreich in der Praxis einsetzt.

Hervorzuheben ist, dass Herr Bode regelmäßig an unterschiedlichen fachbezogenen Weiterbildungsseminaren gewinnbringend teilgenommen hat.

Die Verbindung von rascher Auffassungsgabe und gut ausgebildeter Methodik ließen ihn auftretende Probleme schnell einer eleganten Lösung zuführen.

Hervorzuheben ist seine gut entwickelte Fähigkeit, konzeptionell und konstruktiv zu arbeiten, sowie seine präzise Urteilsfähigkeit

Herr Bode erledigte seine Aufgaben mit großem Engagement und persönlichem Einsatz während seiner gesamten Beschäftigungszeit in unserem Unternehmen.

Auch unter schwierigen Arbeitsbedingungen und starker Belastung erfüllte er unsere Erwartungen stets in zufrieden stellender Weise.

Jederzeit war das Vorgehen von Herrn Bode gut geplant, zügig und ergebnisorientiert.

Er arbeitete generell zuverlässig und sehr genau.

Auch für schwierige Problemstellungen fand Herr Bode sehr effektive Lösungen, die er erfolgreich in die Praxis umsetzte, wodurch er stets gute Resultate erzielte.

Sein Team erreichte unter seiner sach- und personenbezogenen Anleitung jederzeit gute Ergebnisse. Bei Vorgesetzten wie MitarbeiternInnen fanden seine Führungsqualitäten volle Anerkennung.

Wir waren mit den Leistungen von Herrn Bode jederzeit sehr zufrieden.

Wegen seines frischen, verbindlichen und kooperativen Auftretens war Herr Bode ein allseits geschätzter Ansprechpartner. Sein Verhalten war vorbildlich.

Leider können wir Herrn Bode aufgrund der derzeit sehr schwierigen konjunkturellen Situation, die auch unser Unternehmen betrifft, keine Perspektive mehr bieten. Das Arbeitsverhältnis mit Herrn Bode endet daher aus betriebsbedingten Gründen.

Wir bedauern unseren Entschluss sehr, danken ihm für seine wertvollen Dienste und wünschen ihm für seine berufliche wie persönliche Zukunft alles Gute und weiterhin viel Erfolg.

Essen, 30. September 2004 — Hubert Meier, Geschäftsführer

Stichwortverzeichnis

So vermeiden Sie kostspielige und zeitraubende Fehler

Die 50 häufigsten arbeitsrechtlichen Irrtümer

Rechtsanwältin Dr. Stephanie Kaufmann weist Sie auf die 50 häufigsten Irrtümer im Arbeitsrecht hin und zeigt Ihnen, was von der Einstellung bis zur Kündigung richtig ist.

- Weit verbreitete Fehler und Fallen bei Vorstellungsgesprächen, bei Abschluss eines Arbeitsvertrags, wenn es in den Urlaub gehen soll, in Gehaltsfragen, bei Mutterschutz und Elternzeit, bei Abmahnung und Kündigung.
- Mit über 100 konkreten Tipps zum korrekten Vorgehen.
- Mit dem Neuen Allgemeinen Gleichbehandlungsgesetz (AGG) und vielen weiteren wichtigen Gesetzen auf der CD-ROM
- Außerdem auf CD-ROM: Textbausteine für den Arbeitsvertrag, Musterschreiben, Checklisten

NEU

Dr. Stephanie Kaufmann
Fallen und Irrtümer im Arbeitsrecht

Neuerscheinung 2006, 200 Seiten
Broschur mit CD-ROM

€ 29,80*

Best.-Nr. E04269
ISBN 978-3-448-07244-0

Erhältlich in Ihrer Buchhandlung oder direkt beim Verlag.

Haufe Service Center GmbH
Postfach, 79091 Freiburg

01 80/50 50 440**
01 80/50 50 441**

bestellung@haufe.de
www.haufe.de

Haufe

*Inkl. Mwst., zzgl. Versandpauschale € 2,40 **14 Cent/Min.